항공객실서비스론

In-flight Service

박수미 배윤미 공저

양 성 원

머리말

본 서는 항공사 객실승무원 및 관광업에 종사하고자 하는 분들과 항공서비스 관련 학과를 전공하는 학생들에게 항공사 객실 서비스 기초 업무를 이해하는 데 도움을 주고자 한다.

본 서는 총 6개의 Chapter로 구성하였다.

Chapter 01에서는 객실승무원 직무에 대한 이해로 그 내용은 개념과 자격 및 자질 사항, 책임과 의무, 직위체계와 직책별 임무 그리고 객실승무원의 근무규정을 소개하였다.

Chapter 02에서는 항공기 객실구조 대한 이해로 그 내용은 객실 서비스 등급과 객실 시설을 자세히 소개하였다.

Chapter 03에서는 객실 서비스 특성에 대한 이해로 그 내용은 객실 서비스의 개념과 특성을 살펴보고 서비스를 구성하는 요소를 소개하였다.

Chapter 04에서는 기내식음료서비스에 대한 이해로 그 내용은 기내식음료서비스의 근간이 되는 서양식음료의 이해와 기내식에 대한 소개를 자세히 하였다.

Chapter 05에서는 기내서비스 업무절차에 대한 이해로 그 내용은 비행 전 준비업무부터 이륙 전, 비행 중, 착륙 전 그리고 착륙 후의 업무로 한 편의 비행 전반에 걸친 객실승무원의 업무를 단계별로 소개하였다.

마지막으로 Chapter 06에서는 저비용항공사의 기내서비스에 대한 소개로 마무리하였다.

본 서의 특징은 다음과 같다.

첫째, 우리에게 생소한 환경인 항공기와 객실구조 및 객실승무원 업무에 대한 설명을 자세히 다루었으며 되도록 그 내용의 이해를 도울 수 있는 사진을 많이 게재한 것이다.

둘째, 대한항공과 아시아나항공 객실승무원으로 근무한 저자들의 경험으로 우리나라 양대 FSC(Full Service Carrier)항공사의 내용을 모두 다루고 있으며 마지막 Chapter에서는 우리나라의 주요 LCC(Low Cost Carrier) 항공사의 기내서비스 내용도 다루어 전반적인 국내 항공사 기내업무에 대한 이해를 높일 수 있다는 점이다.

셋째, Chapter 04에서는 기내서비스 내용과 연관된 Work Sheet를 게재하여 교재로 사용 시 학습자의 이해정도를 점검할 수 있도록 구성하였다.

한 달에 유럽과 미주, 아시아 등의 여러 나라를 다니는 사람들,

객실승무원은 매우 매력적인 직업임이 틀림없습니다. 그러나 그 매력 뒤에는 비행 한 편, 한 편에 따르는 업무에 대한 책임감으로 하늘에서의 내 임무는 수월하지 않았음을 원고를 마치며 회고하게 됩니다.

지금 이 순간에도 미래 객실승무원이 되길 희망하는 모든 분에게, 단순히 객실업무를 파악하는 책자를 넘어 본 서가 객실승무직을 이해하는 데 좋은 지침서가 되길 바라는 마음입니다.

저자 박수미

이 책을 통해서 객실승무원을 준비하는 학생들이 항공사 객실 업무의 전반적인 지식을 습득하여 실무에서 유용하게 활용할 수 있기를 바랍니다. 마지막으로 최근 업데이트된 서비스 실무 내용을 반영할 수 있도록 도움을 준 대한항공, 아시아나항공, 에어부산 현직 객실승무원들과 양성원 출판사 관계자분들께 감사의 인사를 전합니다.

저자 배윤미

차례

Chapter 01. 객실승무원 이해

CHAPTER

01 객실승무원 이해

1 객실승무원의 정의 및 역사

1) 객실승무원의 정의

항공승무원은 운항승무원(Cockpit Crew)과 객실승무원으로 나눌 수 있다. 운항승무원은 이륙 시점부터 목적지 착륙까지 모든 과정의 안전을 책임지는 기장(Captain)과 부기장(Co-Pilot)이 있다.

객실승무원은 비행기에 탑승한 고객에게 서비스를 제공하고 목적지까지 정상운항을 할 수 있도록 안전업무를 수행하는 사람을 말하며 Flight Attendant라고 한다. 이 밖에 객실승무원을 일컫는 용어는 Cabin Attendant, Cabin Crew 혹은 Steward, Stewardess가 있다. Stewardess는 남성 승무원 Steward에 여성접속사 ess를 붙인 표현으로 1960년대까지는 여승무원을 뜻하는 일반적인 의미로 불리었으나 남녀를 차별하는 듯한 용어로 인식되며 1990년대 들어 Political Correctness[1]의 등장으로 인

1) Political Correctness: 말의 표현이나 용어의 사용에서, 인종 · 민족 · 언어 · 종교 · 성차별 등의 편견이 포함되지 않도록 하자는 주장을 나타낼 때 쓰는 말이다. 특히 다민족국가인 미국 등에서 정치적인 관점에서 차별이나 편견을 없애는 것이 올바르다고 하는 의미에서 사용하게 된 용어이다.

해 스튜어디스(Stewardess)라는 용어도 이전처럼 사용하지 않는 분위기가 되었다.

우리나라 항공법에서는 객실승무원은 '항공기에 탑승하여 비상시 승객을 탈출시키는 등 승객의 안전을 위한 업무를 수행하는 사람'이라 정의하고 있다. ICAO[2)]의 부속서(Annex)에서도 객실승무원은 비상상황이 발생하였을 때 승객을 신속하고 안전하게 탈출시키는 등의 기내안전 업무를 수행하는 사람이라고 명시하고 있다.

이렇듯 객실승무원은 일반적인 고객 편의를 위한 서비스 수행보다는 기내안전을 도모하는 사람으로의 의미가 명확하다.

따라서 항공기 객실승무원은 비상사태 시 비상탈출에 관한 임무 수행과 응급환자 발생 시 응급처치 등을 통한 승객의 생명에 관한 업무를 수행하며 목적지까지 안전하고 쾌적한 여행을 위한 고객서비스를 책임지는 사람이라고 할 수 있다.

2) ICAO: International Civil Aviation Organization, 1944년에 설립된 국제민간항공기구이다. 본사는 캐나다 몬트리올에 위치한 유엔 산하의 전문기관으로 국제항공운송에 필요한 원칙과 안전에 관한 연구와 이를 체계화하여 전 세계 지역에서 안전한 항공이 이루어지도록 감독 기능을 하고 있다. 우리나라를 포함한 193개국의 회원국이 있다(2020년 기준).

2) 객실승무원의 역사

객실승무원의 시초가 된 인물은 하인리히 쿠비스(Heinrich Kubis)이다. 1888년 독일에서 태어난 그는 칼턴(Carlton)과 리츠(Ritz) 같은 고급호텔에서 근무한 호텔종사자였으나 당시 독일 항공사인 DELAG 설립자의 추천으로 1912년 비행선에 탑승하여 승객을 돌보고 음식을 제공하기 시작하였다. 초기에는 혼자 기내서비스를 담당했으나 비행선이 대형화되고 탑승객이 증가하면서 10여 명이 넘는 동료와 함께 일하며 책임자 임무를 맡았다.

1920년대에 들어서는 영국의 Imperial Airways, 미국의 Stout Airways, Western Airlines 등 많은 항공사에서 남자 승무원을 채용하기 시작하였다.

최초의 여성 승무원은 엘렌 처치(Ellen Church)로, 1904년 미국에서 태어난 그녀는 간호사로 근무 중 조종사가 되어 하늘을 날고 싶은 희망에 현재의 유나이티드 항공(United Airlines)의 전신인 BAT(Boeing Air Transport)의 조종사 모집에 지원했으나 불합격되었다. 그러나 앨렌 처치는 결과에 굴하지 않고 충돌 등 비행 여행의 위험에 대비해 승객을 안심시킬 수 있는 사람은 간호사가 적합하다고 회사를 설득하였고 결국 1930년 그녀를 포함한 8명의 여성을 3개월간이라는 조건부로 채용하였다. 이들의 업무수행에 승객들의 반응이 매우 좋아 3개월이 지난 후에도 계속 근무를 할 수 있었다. 당시 승무원의 업무는 아프거나 겁먹은 승객을 돌보고 승객의 수하물 운반, 티켓 관리, 식사제공, 비행기 내부 청소 그리고 비행기 연료 공급과 비행기 지상 이동을 돕는 등의 역할이었다. 현재와 비교해 보면 객실 업무와 여객운송서비스, 지상조업 업무를 모두 수행한 경우라고 볼 수 있다.

앨렌 처치를 포함한 7인의 최초 승무원들의 활동을 계기로 다른 항공사에서도 여성을 채용하기 시작하였는데 당시 채용 기준은 신장 약 155cm에 체중은 50~53kg 이며 대학을 졸업한 20세~26세 미혼 간호사 여성이었다. 이들의 영향은 1920년대 독보적이던 남성 승무원의 시대에서 1930년대부터 여성 승무원의 시대를 열게 해 주었다.

하인리히 쿠비스(Heinrich Kubis)
1912년 독일 DELAG 항공사의 비행선 Zeppelin LZ-10에서 세계 최초의 승무원으로 일하기 시작하였다. DELAG는 1909년 설립되어 비행선을 이용하여 여객과 화물을 운송한 세계 최초의 항공사이다.

Zeppelin LZ-10 Schwaben
Heinrich Kubis가 탑승했던 비행선으로 Zeppelin은 비행선을 설계하고 제작한 독일 장교 출신인 체펠린의 이름에서 붙여진 것이다.
1900년대에 길이 127m의 원통형 비행선의 등장은 당시 큰 화제가 되었고 이후 루프트쉬프바우 체펠린 유한회사가 설립되어 비행선들을 잇달아 제작하였다.

엘렌 처치(Ellen Church)
Boeing Air Transport의 Model 80 비행기 앞에서 승객을 맞이하는 엘렌 처치(우)

2 객실승무원의 자격 및 자질

객실승무원은 항공사 서비스 종사자 중 고객과 가장 가까운 거리에서 오랜 시간 접하게 되는 항공사 직원이기 때문에 기내에서 제공 받은 객실승무원의 서비스를 통해 해당 항공사와 더 나아가 해당 국가에 대한 이미지를 형성하게 되며 이는 항공사 서비스 품질 수준에 영향을 미치게 된다. 이 때문에 객실승무원은 따뜻한 마음과 편안함, 호감을 주는 친밀감으로 고객에게 서비스하는 태도가 중요하며 다방면에 걸친 정확하고 풍부한 상식과 교양, 업무지식 그리고 외국어 능력을 갖추어 여러 상황에 현명하게 대처해야 한다. 그리고 제한된 좁은 공간, 낮은 기압과 습도 등의 기내환경에 적합한 신체 조건을 갖추어야 하며 꾸준한 자기 관리로 업무를 수행할 수 있도록 해야 한다.

또한, 객실승무원은 비상상황 시 임무 수행과 목적지까지 안전하고 쾌적한 여행을 위한 고객서비스를 제공하는 역할로, 객실승무원으로서 승무 자격을 유지하기 위해서는 항공기 비상시 필요 조치를 할 수 있는 지식과 능력을 갖추어야 하며 안전 운항을 위해 기장을 보좌하여 운항 중에 승객 안전과 비상탈출에 관한 임무를 수행할 책임과 의무가 있다.

이 밖에도 객실승무원이 갖추어야 하는 자격과 자질 사항은 항공사마다 다소 차이가 있을 수 있으나 공통으로 직업의식, 철저한 안전의식 및 서비스마인드, 외국어 능력, 건강한 신체와 체력 등을 요구하고 있다.

1) 객실승무원의 자격

객실승무원이 되기 위한 국가에서 정한 자격증은 없으며 항공사 자체 기준에 의해 선발된다.

공개채용을 통하여 입사한 후 신입 전문훈련 과정을 이수하고 평가에 합격해야 하며 외국어 능력 및 서비스 전문 지식과 해당 자격증을 갖추어야 한다. 이후 인턴 과정을 거쳐 정규직 전환 심사 후 정직원으로 전환되며 객실승무원으로 근무 중에도 직급과 근무연한에 따른 교육과정 및 보수교육을 이수해야 한다. 또한, 1년 1회 이상의 정기 건강검진을 통하여 항공기 탑승 근무에 적합한 신체 및 건강 조건을 갖추어야 객실승무원의 자격을 유지할 수 있다.

(1) 신체 및 건강 요건[3)]

객실승무원은 높은 고도와 낮은 기압 및 습도의 기내환경인 항공기 탑승 근무에 적합한 신체 조건이 요구된다. 또한, 비상시 승객 탈출을 비롯한 여러 기내안전 업무를 수행하기 위해서는 최상의 상태와 정신적, 육체적인 건강관리가 무엇보다 중요하다.

이를 위하여 매년 정기적인 신체검사를 시행하고 있으며 결과에 따라 조건이 미달일 경우 비행근무가 일시 정지 혹은 제한되기도 한다. 그리고 근무 중 발병이나 부상 등 신체 건강상의 사유로 근무가 어려운 상황에도 자격이 일시 정지되거나 정도에 따라서 상실되기도 하며 회복 후에는 근무 복귀 시 항공사 보건 의료원의 검진을 받아야 한다.

또한, 타인에게 혐오감을 주는 외모적 손상이나 병리적 훼손이 있을 때도 회복할 때까지 객실승무원의 자격이 일시 정지되기도 한다.

(2) 교육 이수

신입 승무원은 항공사마다 다소 차이는 있으나 항공안전 및 보안, 응급처치, 화재, 비상착륙 및 비상착수, 항공기 구조 및 비상 보안 장비 등의 안전교육과 기내서비스 및 승객지원 교육훈련프로그램을 이수해야 한다. 초기 교육을 이수한 이후에

---

3) 대한항공 객실승무원 신체 조건
- 항공 업무에 지장을 주는 병이나 기능장애가 없어야 한다.
- 성병, 악성종양, 전염병, 전신 쇠약, 과도비만이 없어야 한다.
- 내분비장애, 대사 장애, 중대한 알레르기, 성 질환이 없어야 한다.

도 12개월마다 객실승무원의 업무수행능력에 대한 지식과 능력심사를 하며 이 심사에서 합격하지 못한 객실승무원은 그 임무를 수행할 수 없다.

2) 객실승무원의 자질

객실승무원의 자격이 항공사 기내업무를 수행하는 데 필요한 조건이나 능력 사항이라면 객실승무원으로서의 자질은 기내안전업무를 수행하고 고객에게 서비스를 제공하는 데 어려움이 없는 성품이나 소질이라고 할 수 있다.

객실승무원의 자질은 직무와 역할을 연관하여 이해하면 될 것이다. 우선, 승객과 가장 많은 시간을 보내는 서비스라는 일반적인 근무 특성상 밝은 인상과 친절, 봉사적인 서비스마인드는 기본적으로 필요하다. 그 밖에 다양한 국적의 외국인 승객을 응대하기 위한 외국어 능력, 국제 매너, 팀을 이루어 근무하므로 원만한 대인관계와 팀워크가 요구되며 기내방송을 위한 정확한 발음과 언어구사력 등을 갖추어야 한다.

이러한 업무와 관련된 자질 외에도 객실승무원은 항공사의 이미지와 나아가 국가 이미지를 보여 주는 사람임을 잊지 말고 좋은 인성과 고객 지향적 사고를 바탕으로 자기 관리와 개발에 노력하는 자세를 갖추는 모습도 필요하다.

3 객실승무원의 책임과 임무

객실승무원은 승객을 목적지까지 안전하게 모시고 비행 중 승객에게 쾌적하고 편안한 서비스를 제공해야 하는 책임이 있다. 이에 따른 임무는 크게 일상안전 업무, 그리고 기내서비스 업무로 나눌 수 있다.

항상 최신 서비스 매뉴얼 및 공지사항을 확인하고 비행업무에 임해야 하겠다.

오늘날에는 항공편 예약도 웹이나 휴대전화의 앱 등을 통한 온라인 이용이 일반적이며, 공항에서 탑승절차도 키오스크(Kiosk)[4]를 이용한 셀프 체크인이 증가하고 있다. 즉, 승객은 비행기 탑승 전까지 대부분 자동화 시설을 이용하게 되고 비행기에 탑승하는 시점에 객실승무원을 만나게 되는 것이다. 그러므로 항공운송 종사자 중 다수를 차지하는 객실승무원의 역할은 더욱 중요해진다고 할 수 있다.

1) 객실승무원의 일상안전 및 보안 업무

객실승무원은 객실브리핑 및 합동 브리핑을 통해 목적지, 비행시간, 항로 및 기상조건, 기타 유의사항을 점검하고 항공기에 탑승하여 승객 탑승 전 기내설비, 위험물질의 탑재 여부 확인 및 비상시 사용하는 모든 장비를 점검해야 한다. 점검 시 발견된 이상 물질이나 기내 안전장비의 이상은 객실사무장에게 즉시 보고하여 교체 및 수리가 될 수 있도록 조치한다. 또한, 객실승무원은 비행 중 응급환자가 생겼을 경우 응급의료처치를 수행해야 한다.

---

4) 키오스크(Kiosk)
키오스크란 터치스크린 방식의 정보전달 시스템으로 공항에 설치된 키오스크는 승객이 직접 체크인을 통해 좌석지정 및 발권을 함으로써 시간을 단축하여 더욱 편리한 수속절차를 제공한다.

기내에 비치된 안전장비의 종류는 산소공급 장비, 비상탈출 장비, 기내화재 진압 장비, 응급 의료 장비가 있다.

산소공급 장비는 비행 중 여압장치의 고장으로 기내 압력이 낮아져 승객의 안전에 문제가 생기면 항공기에 준비된 산소를 공급하게 되는데, 이때 사용하는 장비로 승객 머리 위 선반 속에 있는 산소마스크와 객실승무원이 사용하게 되는 휴대용 산소통이 있다. 승객 산소마스크의 산소공급 시간의 경우 기종에 따라 다르지만 A380, B747의 경우 15분, A330, B777은 22분, B737은 12분 정도이다. 이는 기압이 낮아지는 사고 시 자동으로 낙하 되기에 사전점검은 어려우나 휴대용 산소통의 경우 그 위치와 산소 압력 게이지 등을 체크한다.

비상탈출 장비로는 항공기의 비상착륙 혹은 비상착수 시 자동으로 신호를 발신하여 구조요청을 할 수 있는 장치인 ELT(Emergency Locator Transmitter), 비상착수 시 착용하는 Life Vest, 비상탈출 시 승객을 유도하고 시야를 확보할 때 필요한 손전등 그리고 기내방송 장비를 사용하기 어려운 경우 승객의 탈출 지휘를 위해 사용하는 Megaphone 등이 있다.

기내화재 진압 장비는 화재를 진압하는 소화기와 객실승무원이 화재진압 시 호흡을 원활하게 해 주는 PBE(Protective Breathing Equipment), 연기로부터 시야를 확보하기 위한 Smoke Goggle, 뜨거운 물건을 잡을 때 쓰이는 석면장갑 등이 있다.

응급 의료 장비는 비행 중 응급 환자 및 일반 환자 발생 시 신속한 대처를 위해 탑재되는 것으로 의료진만 사용할 수 있는 EMK(Emergency Medical Kit)와 일반적인 환자 승객에게 사용하는 구급상자인 FAK(First Aid Kit) 그리고 소화제, 두통약, 멀미약, 진통제 등이 들어 있는 Medical Bag이 있고 호흡과 맥박이 없는 심장질환 환자에게 전기충격을 주어 심장기능을 복구할 수 있도록 도와주는 기구인 자동심장충격기(AED) 등이 있다.

마지막으로 기내보안 장비는 항공기 안전 운항에 방해되는 기내불법 행위 승객, 난동 승객 그리고 Hijacking에 대비하기 위하여 탑재되는 것으로 포승줄, Taser Gun, Tie-Rap, 방폭매트 등이 있다.

객실승무원의 일상안전 업무

- 안전한 업무수행을 위한 객실승무원 객실 근무규정 준수5)
- 이륙 및 착륙 전 기내 비상, 보안 장비 점검 및 보고
- 좌석벨트, 구명조끼, 산소마스크, 비상탈출구의 사용법 등에 대한 Safety Demonstration 실시
- 승객의 휴대 수화물 정리 지원
- 이륙 및 착륙 혹은 비행 중 난기류(turbulence) 시 좌석벨트 착용 여부 확인
- 전자기기 사용에 대한 제지
- 기내흡연 및 과도한 음주 제지
- 이륙 시 30 Second Review6)

2) 객실승무원의 기내서비스 업무

객실승무원은 객실브리핑 시 배정된 담당 Zone에서 서비스 업무를 수행하며 크게 비행 전, 비행 중, 비행 후 업무로 나눌 수 있고 각 단계 업무별 상세는 다음과 같다.

---

5) 객실승무원 근무규정: 비행 전 12시간 이내 음주 금지, 24시간 이내 잠수 금지, 72시간 이내 수혈 금지 등의 세부항목이 명시됨

6) 30 Second Review: 항공기 사고발생률이 가장 높은 이륙과 착륙 시점에서 비행 시 발생 가능한 비상상태를 머릿속으로 가상하며 자신이 취해야 할 행동을 30초 동안 정리하는 것을 의미한다.

객실승무원의 기내서비스 업무

- Show-Up/Appearance Check/Cabin Briefing
- 기내서비스 용품 탑재 확인
- 탑승환영 및 탑승권 확인과 좌석 안내
- 기내방송(담당 승무원)
- 기내식음료서비스
- 기내 면세품 판매(담당 승무원)
- 입국서류 배포 및 작성 지원
- 기내 청결 유지(Aisle 및 화장실 점검)
- 서비스 용품(잡지, 이어폰 등) 수거 및 Galley 정리
- 승객 하기 지원 및 객실 점검
- 특수고객 지원
- Debriefing 및 서류작성

<Briefing>

객실브리핑(Cabin Briefing)

Cabin Briefing은 항공기 출발 시각을 기점으로 정해진 시간과 장소에 해당 비행 객실승무원이 모여 진행되며 브리핑 시간은 국제선과 국내선 항공기 출발 시각에 따라 다르다. 인천 출발 국제선의 경우 1시간 45분 전, 국내선은 1시간 30분 전에 실시된다.
객실팀장이 주관하는 것으로 객실승무원 소개와 인사, 해당 편 출발 · 도착 시각, 승객예약현황, 특수고객 응대, 서비스 순서 및 특성 등의 비행 정보를 비롯하여 안전과 보안에 관련된 강조사항을 공유한다.

합동 브리핑

Cabin Briefing을 마친 후 해당 항공편의 운항승무원과 함께하는 브리핑이다. 기장의 주관하에 운항승무원 소개와 비행시간, 운항고도, 목적지의 날씨, 항로 위의 기상 그리고 조종실 출입절차 및 비상절차, 보안 등에 관한 사항을 공유한다.

4 객실승무원의 직급체계와 직책별 임무

1) 객실승무원의 직급체계와 임무

객실승무원의 직급체계와 그에 대한 호칭은 항공사마다 약간의 차이는 있으나 인턴 과정(1~2년)을 마친 인턴승무원은 전환심사를 거쳐 정규직 객실승무원이 되고 일정 기간 비행근무를 하면 부팀장의 자격심사를 거쳐 부팀장이 되며 부팀장으로 승진 후 다시 일정 기간 후 객실팀장으로의 자격심사를 받게 된다. 이는 자국 객실승무원의 직급체계이며 항공사별 노선 취항국의 현지 승무원으로 채용된 외국인 승무원(Regional Stewardess, RS)은 다르게 구성되어 있고 근무의 특성을 살려 별도의 호칭이 정해져 비행 근무 중에는 이 호칭을 사용한다.

진급은 여러 단계의 승진 과정을 거치게 되는데 팀 평가, 외국어 능력, 기내방송 자격, 승객에게 받은 칭송과 불만 사항, 체력과 신체검사 점수 등 여러 평가항목이 있다.

보통 한 편의 비행에는 객실 서비스 업무를 총괄하는 객실사무장, 객실사무장의 업무를 보좌하는 객실부사무장 그리고 담당 구역(Zone)에서 서비스 업무를 담당하는 일반 객실승무원으로 이루어지며 총 탑승 인원은 기종에 따라 다르다. 객실승무원의 탑승 인원은 최소 비상상황에 대비한 항공기 출입구와 비상 출구의 수만큼 탑승해야 하며 일반적인 기내서비스를 고려하여 추가적인 인원을 배정한다.

국내항공사 객실승무원 직급체계

<table>
<tr><th colspan="2">직급</th><th colspan="2">직책</th><th rowspan="2">직책별 임무</th></tr>
<tr><th>일반직</th><th>항공사</th><th>대한항공</th><th>아시아나항공</th></tr>
<tr><td>부장</td><td>CP
(Chief Purser)</td><td rowspan="3">객실
사무장</td><td rowspan="3">캐빈
매니저</td><td rowspan="3">• 객실브리핑 주관
• 객실승무원 업무 할당(Duty Assignment)
• 기내설비 및 장비 점검/CDLM[7] 관리
• 항공기 출입국 서류 관리(GD[8] Ship Pouch[9] 등)
• 기내식 탑재 이상 여부 최종 확인
• Safety Check 및 안전 업무 수행 재확인
• 기내서비스 진행 관리 및 책임
• 기내방송 관리 및 감독
• VIP, CIP 등 Special Passenger 응대
• 운항승무원과의 커뮤니케이션
• 비행 중 Irregular 상황 대처 및 보고
• 기내 순회 및 승객 Care
• 착륙 후 유실물 점검 최종 확인
• Debriefing 실시
• 착륙 후 비행 관련 서류 해당 부서 전달
• 해외 체류 시 객실승무원 관리
• 객실승무원 지도 및 근무평가</td></tr>
<tr><td>차장</td><td>SP
(Senior Purser)</td></tr>
<tr><td>과장</td><td>PS
(Purser)</td></tr>
<tr><td>대리</td><td>AP
(Assistant Purser)</td><td>객실
부사무장</td><td>캐빈
부사무장</td><td>• 객실사무장의 업무 보좌 및 지원
• 객실사무장 업무수행 불가 시 업무대행
• 항공기 및 객실승무원 입출국 절차 점검
• 일반석 서비스 업무 총괄
• 면세품 및 서비스용품 탑재 확인
• 기내 판매 업무 지원
• 수습승무원 지도 및 평가</td></tr>
<tr><td>주임</td><td>C/C
(Cabin Crew)</td><td>–</td><td>선임
승무원</td><td rowspan="2">• 객실브리핑 준비 및 참석
• 합동브리핑 참석
• 이륙 전 객실점검(비상보안장비 및 서비스 용품)
• 배정된 담당 Zone 내 서비스 및 안전업무
• 기내방송(기내방송 담당 승무원)
• 전반적 기내서비스 진행 관리(Galley 담당 승무원)</td></tr>
<tr><td>사원</td><td>SD
(Steward)
SS
(Stewardess)</td><td>승무원</td><td>승무원</td></tr>
</table>

직급		직책		직책별 임무
일반직	항공사	대한항공	아시아나항공	
사원	SD (Steward) SS (Stewardess)	승무원	승무원	• 착륙 전 갤리 정리 및 서비스 용품 회수 • 착륙 후 담당구역 유실물 점검 • Debriefing 참석 • 동료 객실승무원과의 업무 협조 • 운항승무원과의 업무 협조 • 운송직원과의 업무 협조

2) 객실승무원의 지휘체계

항공기 승무원은 항공기를 운항하는 운항승무원(Cockpit Crew)과 비행 중 객실의 안전과 고객 서비스를 담당하는 객실승무원(Cabin Crew)으로 나눌 수 있다. 단순히 비행하는 기술을 가진 사람은 조종사라고 할 수 있지만 운항승무원은 항공사에서 근무하는 직종으로 기장(Captain)과 부기장(Co-Pilot)으로 구분한다. 한 편의 비행에 탑승하여 근무하는 운항승무원은 기장과 부기장 그리고 항공기관사(Flight Engineer), 항법사(Navigator) 등이 있으며 최근에 제작되는 B747-400, B777, B787, A320/330, A350과 같은 신기종에는 cockpit 내부 조종 시스템이 자동화되어 있어 기장과 부기장만 탑승하여 운항되고 있다.

기장은 항공기 운항에 있어 안전과 객실승무원을 포함한 전체 승무원에 대한 지휘감독을 맡는 총책임자이다. 이에 따른 지휘체계는 기장, 객실팀장, 객실 부팀장, 객실승무원 순으로 기내서비스에 대한 책임은 객실팀장에게 있으며 운항 전반에

7) CDLM(Cabin Discrepancy List & Memo): 비행 중 기내 설비에 문제가 생긴 경우 그 위치와 내용을 기록하는 일지로 객실사무장이 기재한다.
8) GD(General Declaration): 항공기 출항허가를 위해 관계기관에 제출하는 서류. 항공편의 일반적 사항, 승무원 명단, 비행 상의 특이 사항 등이 기재되어 있다.
9) Ship Pouch: SHR(Special Handling Request), UM운송신청서, 기내제한품목(Restricted Item), 부서별 전달 서류 등 각종 제반 서류가 담긴 가방으로 항공기 출발 전 운송직원에게 전달받아 목적지 공항에 도착 후 지상직원에게 인계한다.

관한 총 책임은 기장에게 있다. 반면 보고체계는 객실승무원, 객실 부팀장, 객실팀장, 기장의 역순으로 이루어진다. 객실승무원은 비행 중 발생한 Irregular상황 시 반드시 이 지휘체계를 준수해야 하며 이 과정에서의 정당한 지시사항을 수행하지 않은 객실승무원은 객실팀장이 회사에 보고하여 징계할 수 있다.

- **지휘체계:** 기장 ▶ 부기장 ▶ 객실팀장 ▶ 객실 부팀장 ▶ 객실승무원
- **보고체계:** 객실승무원 ▶ 객실 부팀장 ▶ 객실팀장 ▶ 부기장 ▶ 기장

▶ Cockpit 내 운항승무원과 전자장비

객실승무원의 Duty

항공기 객실의 서비스 구역 구분은 항공기의 크기에 따라 다를 수 있으나 대형기의 경우 전방에서부터 A, B, C, D, E 서비스 Zone으로 나뉘고 객실팀장은 객실승무원의 자격과 경력을 고려하여 Class 와 Zone별 업무배정을 한다. 객실승무원은 각자 배정받은 Zone에서 Duty Code에 맞는 근무를 하며 업무에 대한 책임을 지게 된다.

▶ 대한항공 B747-8i 좌석배치도

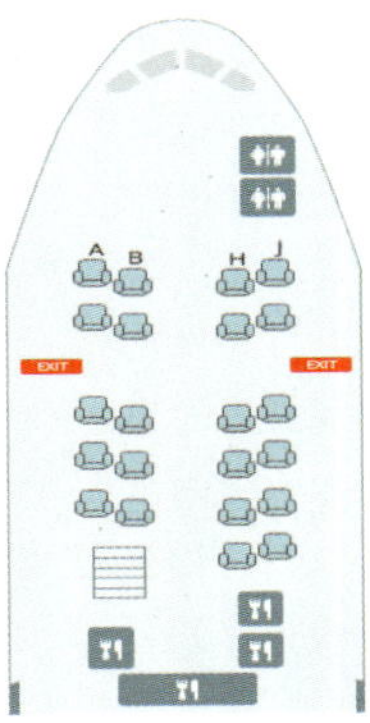

<사진 1> B747-8i upper

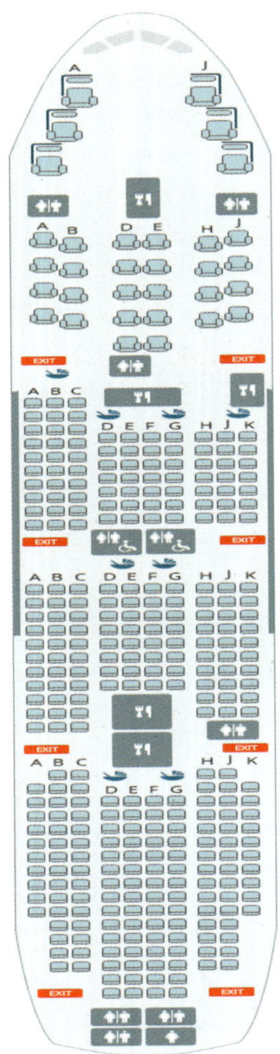

<사진 2> B747-8i main

Zone	Class	Duty
A	FR/CL	FAL FAG (FAR)
B	PR/CL	CBL CBG CBR
C	EY/CL	YCL YCG YCR
D		YDL YDG YDR
E		YEL YEG YER

5 객실승무원의 근무규정

객실승무원은 항공사에서 월별로 배정하는 Cabin Crew Flight Schedule에 따라 근무를 한다.

항공사에 따라서는 한 달 혹은 두 달 전에 월별 스케줄이 할당된다. 근무 스케줄은 승무, 편승, 대기, 교육·훈련, 휴일 등으로 표기된다. 이러한 근무에 대한 사항은 효율적인 객실업무를 위하여 '객실승무원 근무규정'으로 명시하고 있다.

객실승무원은 항공사 게시판이나 개인 메일, 인트라넷 등을 통해 공지 및 지시사항을 숙지하도록 하며 출입국에 필요한 여권과 승무원 ID Card를 항상 지참한다. 또한, 객실승무원은 비행근무 12시간 전부터 음주가 금지되고 있으며 항공법에 의해 혈중 알코올 농도가 0.02% 이상인 경우 업무를 정상적으로 수행할 수 없고 때에 따라 음주 여부를 호흡측정기 검사 등으로 측정할 수 있으며 이에 응하여야 한다. 그리고 항공사의 공식 문서 이외 타인으로 부탁받은 문서나 물건을 대리로 운반 혹은 전달할 수 없고 항공사 이외 외부 기관의 인터뷰나 방송 출연 등을 하게 될 때에는 사전에 회사의 승인을 받아야 한다.

이 밖에도 객실승무원이 지켜야 하는 기타 제한규정, 세관규정, 해외 체류 시 규정 등이 있으며 이러한 일반적 규정 외 근무규정 사항은 다음과 같다.

1) 객실승무원의 근무 구성 및 규정

(1) 승무(On-Duty Flight)

승무는 객실승무원이 항공기에 탑승하여 업무를 수행하는 것을 의미한다. 비행기가 이륙을 목적으로 최초로 움직이기 시작한 때부터 비행이 종료되어 최종적으로 비행기가 정지한 때까지의 총 시간을 Flight Time이라 하며 이는 운항승무원 및 객실승무원의 근무시간 산정 기준이 된다. 항공기의 안전운항을 위해 승무시간은 법령에 의해 엄격히 제한되는데 객실승무원의 최대 비행시간은 1개월에 120시간, 연간 1200시간을 초과할 수 없다.

반면 운항 및 객실승무원이 비행을 위해 회사에 출근하여 근무를 시작한 시점부터 비행이 종료될 때까지의 시각을 비행근무시간(Flight Duty Time)이라 한다.

객실승무원은 승무를 위해 여권 및 신분증 등 필수 휴대품을 반드시 지참하고 관리해야 한다.

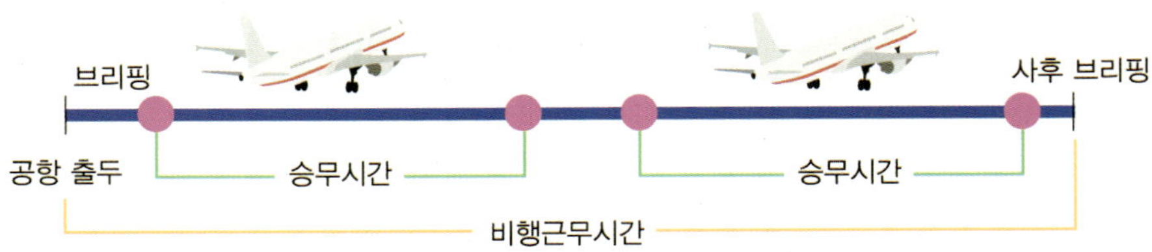

- 객실승무원은 항상 밝은 미소와 바른 자세로 승객을 응대해야 한다.
- 승객에게 불쾌감을 주지 않도록 항상 용모 복장을 청결하고 단정하게 유지한다.
- 동료 승무원들과도 예의를 갖추고 대한다.
- 객실승무원 상호 간 필요한 정보를 원활하게 교환한다.
- 승객과의 대화 시에는 성의 있는 자세와 승객의 질문에 정확한 답변을 하도록 한다.
- 승객의 개별적인 요구를 예측하고 확인하며 응대한다.
- 승객에 관한 제반사항에 대하여 비밀을 유지하며 그에 관한 정보를 유출하지 않는다.
- 비행 중 자신의 힘으로 해결이 불가한 경우는 동료에게 알려 도움을 받아 해결하도록 한다.

(2) 편승(Extra Flight, Off-Duty Flight)

편승은 객실승무원이 다음 승무를 위해 혹은 승무를 마친 후 자사나 타사의 항공편에 탑승하여 이동하는 것을 의미하며 Ferry Flight[10)]도 이에 포함된다. 편승에 탑승하는 승무원을 Extra Crew라고 하며 항공기에 탑승하기 전까지는 Duty 객실승무원과 동일하게 유니폼을 착용하고 Show-up[11)]과 객실브리핑 등의 근무절차를 거치지만 탑승 후에는 사복복장을 착용하고 승객좌석에 착석하며 승객과 동일하게 기내 안전 규정을 준수해야 한다. 그 밖에도 Duty 중인 승무원의 업무에 지장을 주지 않도록 주의하며 음주도 금지한다. 사복을 착용하고 있어도 승객에게 객실승무원임이 드러나므로 품위 있는 행동으로 이미지에 훼손되는 일이 없도록 해야겠다.

이러한 편승 승무원에 대한 지휘책임은 편승 팀의 객실팀장에게 있으며 편승 팀에 팀장이 없는 경우는 선임승무원이 맡게 되고 비상사태 시에는 해당 비행 편(On-Duty) 기장의 지휘를 따라야 한다.

(3) 대기(Stand-by)

항공편에 비행업무를 수행하지 못하는 객실승무원으로 인해 결원이 생기거나 스케줄 및 기종 변경으로 인력 충원이 필요할 때를 대비하여 대기를 배정받은 객실승무원이 공항이나 자택에서 대기하는 것을 의미한다. STBY로 표기되며 공항대기는 Airport Stand-By, 자택대기는 RF(Ready Flight)라고 한다. 공항대기 시에는 모든 유니폼 착용과 필수휴대품을 지참하는 등 비행준비를 갖춘 상태여야 하며 지정된 대기장소를 이탈해서는 안 된다. 자택대기인 경우는 장거리 비행준비를 하고 자택에서 대기하며 회사의 연락을 기다린다. 대기시간은 당일 오전 9시에서 오후 5시까지로 당일 비행근무 필요시 출발 4시간 전 회사로부터 연락이 오며 지정장소로 출근하게 된다.

---

10) Ferry Flight: 항공기 정비, 도입, 편도, 전세 운항 등 승객 없이 운항하는 비행 편을 말한다.
11) Show-up: 객실승무원이 비행근무를 위해 기종, 해당 비행 편 승무원 명단, 방송자격 등이 기재된 list에 서명하는 것을 의미한다.

(4) 교육 및 훈련

항공사의 객실승무원 교육 및 훈련은 국제항공사 간의 표준화된 기준에 의한 서비스 교육과 ICAO 등 국제항공기구의 권고에 따른 국토교통부가 규정하는 내용에 기초하는 항공안전으로 이루어진다.

객실승무원은 그 자격을 유지하기 위하여 교육 및 훈련 과정을 이수해야 한다. 이러한 교육에는 신입교육, 보수교육, 국제선 전문 훈련, 안전훈련 등 직급이나 클래스별 여러 교육 및 훈련이 있다.

객실승무원으로 입사를 하면 신입전문훈련에 참여하게 되며 그 내용과 교육기간은 항공사마다 상이할 수 있으나 보통은 항공사 경영방침과 조직에 대한 이해, 직장인으로서의 자세, 항공운송업무에 관한 실무지식 등의 일반교육과 비상상황을 비롯한 기내 안전을 책임지는 강한 정신력과 정확한 판단력을 키우는 안전교육 등으로 이루어진다. 이러한 교육 과정을 통해 서비스마인드와 항공사를 대표할 수 있는 이미지를 함양하고 항공사 경영목표에 적합한 조직능력을 갖춘 유능한 인재로 양성하고자 한다.

그리고 교육과정은 엄격한 훈련과 테스트로 진행되는데 이 과정을 통과하지 못하고 지각, 결석 등의 성실성 부족과 용모 및 교육태도 불량으로 인해 벌점이 누적되는 사항이 생겨 훈련과정을 이수하지 못하면 객실승무원으로 비행을 할 수 없게 된다.

신입교육 이외에도 신입전문훈련 이수 후 OJT비행인 수습비행훈련, 국제선 전환훈련, 상위클래스 서비스 전문훈련, 보수교육 등이 있고 교육이 필요한 객실승무원의 개인별 스케줄에 표기(TR)된다.

대한항공의 교육 및 훈련

교육훈련프로그램	대상	교육내용
신입전문훈련	신입승무원	항공안전, 객실업무, 비행실습(국내선)
국제선 전환 교육	국내선 승무원	항공안전, 객실서비스실무교육, 일반 업무지식, 인성교육
정기 안전훈련	전체 승무원	비상사태처리, 항공보안, 항공의무 등 승무 자격 유지를 위한 법정 안전 훈련
상위클래스 훈련	1년 이상 근무자	상위클래스 서비스 수행 훈련, 비행실습
안전 및 리더십 훈련	사무장 진급자	사무장의 업무수행에 필요한 안전훈련
관리자 보임교육	팀장급 신규보직자	팀 관리자로서의 기본 직무역량 교육
관리자 보수교육	팀장/부팀장 보직자	직무역량 강화를 위한 반복 보수교육

출처: 이진 · 허희영(2014), 이지민 · 윤승희(2016).

(5) 지상 근무

객실승무원이 비행업무(승무)를 중단하고 사무실에서 객실 관련 업무를 하는 것을 의미한다. 객실 서비스, 교육훈련, 비행 스케줄 계획, Appearance Check 등의 업무이다.

(6) 휴식

객실승무원이 거주하는 지역(모기지)이나 국내외 스테이션에서 근무를 마친 후 다음 근무를 시작하기 전까지 회사 업무에서 벗어나 있는 시간을 의미한다.

그리고 객실승무원은 비행 근무 중에도 비행 소요예상 시간이 8시간 이상인 경우 2개 조로 나누어 승무원 휴게 공간에서 다음 근무를 위해 충분한 휴식을 취한다.

운항승무원의 경우 「항공안전법」에 '기장 1명, 기장 외의 조종사 2명 편성의 경우 등판 각도조절이 가능한 휴식용 좌석이 있어야 한다.'는 비행 근무 중 휴식에 대한 조항이 있기도 하다.

2) 객실승무원의 근무평가 및 심사

객실승무원은 항공사에서 근무하는 동안 위와 같은 정규 및 보수 교육과 훈련 이외에도 근무평가와 심사를 받게 된다. 항공사 승무원의 근무는 결과물이 도출되는 일반직보다 서비스라는 무형의 업무를 한다는 특성과 지상이 아닌 하늘 위에서의 근무라는 환경적 특성으로 공정한 평가를 위해서, 객실승무원을 평가하는 관리자는 객실팀장이 될 수밖에 없으며 이들의 평가가 비중 있게 반영이 된다.

대부분 항공사에서는 일 년에 두 번 분기별로 실시하며 대한항공에서는 신입 승무원 평가, 승진을 위한 평가, 연봉등급 판정 평가, 객실관리자 임명 심사, 서비스 우수표창 심사 등 다양하다.

신입 승무원 평가는 일정 기간 인턴을 마친 승무원이 정규직으로 전환될 때 거치게 되는 심사이다. 그리고 승진심사는 일정 근무 연한이 되면 승격이 되는 기회가 되는데 자신의 직급에서 한 단계 위 직급으로 승진하는 데 실시되는 심사이다.

항공사는 정시성을 원칙으로 하며 브리핑을 비롯하여 모든 과정에 정해진 시간이 있고 이를 지켜야 하는 만큼 객실승무원에게는 이를 위한 시간 준수 및 시간 관리도 매우 중요한 사항이다. 그러나 정규직 심사 요인 중 반복적으로 이를 지키지 못하는 경우 정규직 전환이 되지 못하거나 일반 객실승무원에게도 브리핑 지각 혹은 불참, Miss Flight 등으로 인한 근태는 승격심사에 매우 부정적인 영향을 미치게 되므로 시간 관리에 철저히 하도록 해야 한다.

Chapter 02. 항공기 객실구조와 시설

CHAPTER

02 항공기 객실구조와 시설

항공기란 공기의 반동으로 공중을 부양하는 모든 기기로 객실 서비스가 제공되는 항공기는 날개가 달려 있으며 날개에서 발생한 양력으로 비행하는 비행기이다. 이러한 상업용 민간 항공기 제작 회사로는 세계적으로 유명한 미국의 보잉(BOEING)과 유럽연합이 만든 에어버스(Airbus)가 있다.

보잉(BOEING)은 미국 시카고에 있는 회사로 상용 여객기, 방위, 우주 및 보안 시스템 제조업체이다. Boeing 737, 747, 767, 777 및 787, 787-10 Dream liner, 737 MAX를 제작하고 있으며 전 세계 항공기의 거의 절반에 해당하는 10,000대가 넘는 Boeing의 여객기가 운행되고 있다.

에어버스(Airbus)는 프랑스, 독일, 영국, 스페인이 합작하여 설립하고 본사는 프랑스 툴루즈(Toulouse)에 있는 항공우주 및 방위 산업체이다. 상용 여객기로는 A220, 320, 330, 330 NEO, 350, A380을 제작하고 있으며 이 중 A380은 더블데크(Double Deck)로 500명 이상을 탑승시킬 수 있는 세계 최대 크기를 자랑한 초대형 항공기였으나 2021년 예정된 배송(Delivery)을 마지막으로 생산이 중단된 기종이다.

항공사들은 이러한 제작사에 자사의 CI(Corporate Identity)에 맞는 항공기 외장 및 내부 인테리어와 좌석 배치를 요구하여 제작하게 된다.

1 객실구조의 이해

1) 항공기 종류

우리나라 국토교통부에서 정의한 항공기의 구분은 무게와 좌석 수를 기준으로 초경량 비행장치, 경량항공기, 항공기로 분류하고 있다. 초경량 비행장치는 자체중량 115kg 이하 1인승으로 동력비행장치, 동력 패러글라이더, 무인 비행장치 등이 이에 속한다. 경량항공기는 최대 이륙 중량 600kg 이하 2인승을 말하며 경량헬리콥터, 패러슈트 등이 있다. 그리고 항공기는 최대이륙중량 600kg을 초과하며 좌석 수는 제한이 없는 것으로 경량항공기와 항공기는 날개가 동체에 고정된 비행체로 날개에 의한 양력과 엔진의 추진력으로 비행한다. 이러한 항공기의 종류는 비행기, 비행선, 활공기, 회전익항공기, 항공우주선으로 구분한다.

항공사에서 상업용으로 운항하는 항공기는 비행기를 의미하며 비행기는 용도와 크기에 따라 분류할 수 있다. 용도에 따라서는 승객을 운송하는 여객기와 승객 없이 화물만 탑재하는 화물기로 나눌 수 있고 화물기는 외형적으로는 동체 창문의 유무에 의해 구별할 수 있다. 크기별로는 대형기, 중형기, 소형기로 분류한다.

▶ 대한항공 화물기(사진 좌)

▶ 항공기 종류

이미지 출처: 국토교통부.

2) 항공기 외장

항공기의 외부구조는 동체(Fuselage), 날개(Wing), 엔진(Engine), 착륙장치(Landing Gear)로 구성되어 있다. 항공기 동체의 외장은 각 항공사의 고유 이미지를 느낄 수 있으며 자사의 정체성을 나타내는 공간이다. 그러나 제일 중요한 항공기 외장작업의 목적은 강한 햇볕과 바람, 온도 변화, 산성비 등 외부의 다양한 요인으로부터 기체를 보호하는 데 있다. 대형 공간인 항공기 외부 동체에 특수한 공법으로 페인트를 칠하는 작업은 일반적인 환경에서는 어려우며 이에 대한항공의 경우 부산에 있는 테크센타에 도장 전용 격납고를 운영하고 있다.

항공기 외장 디자인은 기업의 CI 시각화뿐만 아니라 다채로운 디자인으로 마케팅의 요소로 활용하기도 한다. 대한항공은 매년 어린이들을 대상으로 '내가 그린 예쁜 비행기' 행사를 열어 수상한 작품을 항공기에 래핑(wrapping)[1]하여 운항하고 있으며 제주항공은 한류스타의 이미지를 디자인하고 해외 항공사의 경우 유명 예술가의 작품을 연출하는 등이 그 예라고 할 수 있다.

1) Wrapping: 래핑이란 건물이나 시설물 혹은 차량 등에 디자인을 입혀 홍보를 하는 기법을 말한다. 항공기에는 동체 외벽에 페인팅 혹은 특수필름을 입히는 작업을 통해 그림이나 특정 메시지를 전달하며 홍보 효과를 누리고 있다. 대한항공은 2001년 국내 최초로 제주도 관광 홍보를 위해 동체에 '하르비'를 페인팅한 래핑 항공기를 운항하기도 하였다.

대한항공은 2004년 글로벌 항공사로서의 진취적이고 역동적인 이미지를 구축하기 위하여 기존의 태극마크 및 로고와 함께 우리나라 도자기에서 영감을 얻은 청자색을 기본 컨셉트로 한 항공기 외장과 기내 인테리어 개선 등 CI 변경을 추진하였다. 대한항공의 항공기 외장 기조색인 담청색은 무궁한 미래와 창공을 상징하며 적색과 청색을 조화시킨 태극마크는 역동적인 힘을 나타내고 가운데 흰색은 프로펠러의 회전 이미지를 표현하여 전체적으로 우리나라 국적기로서의 이미지를 부각하고 있다.

1988년 창립한 아시아나항공은 초기 색동 저고리를 입은 여인을 형상화한 심볼에서 2006년 CIP(Corporate Identity Program)에 의해 '고객과 함께 아름다운 미래로 비상하는 기업 의지'를 형상화한 WING 심볼로 변경하였다. 항공기 꼬리의 그래픽 모티브는 우리나라의 전통 색동을 현대적으로 재해석한 것으로 역동적이고 발전하는 기업의 미래상을 표현한다. 그리고 견고한 정자 형태의 영문과 국문 로고는 '신뢰' 이미지를 전달하고 있다.

진에어는 자유롭게 날아다니는 나비의 형상을 심볼마크로 하여 새롭고 이국적인 곳을 찾아 떠나는 여행자의 특성을 상징하였고 Smart Green, Curious Blue, Sincere Purple의 3가지 색상을 기업 고유의 컬러로 선정하여 기업 이미지를 시각화하였다.

에어부산은 2007년 아시아나항공이 부산광역시와 지역 향토 기업들과 출자하여 설립한 저비용항공사로 바다의 물결과 하나 되어 날갯짓하는 갈매기 형상을 심볼로 하고 있다. CI 컬러는 부산의 바다와 하늘을 느끼게 하는 Deep Blue이며 부산의 바다, 갈매기, 하늘 3가지를 조합한 하나의 이미지 요소로 에어부산의 브랜드이미지를 나타내고 있다.

2005년 애경그룹과 제주도가 설립한 제주항공은 제주의 감귤색인 선명한 오렌지 색상과 JEJU air 영문로고 'I' 에 블루 색상의 깃발 형상을 추가하여 진취적이고 활기찬 이미지의 BI(Brand Identity)를 사용하고 있다. 항공기 꼬리 날개에는 제주도를 상징하는 돌, 바람, 섬들을 무늬로 형상화하여 디자인한 것으로 제주항공의 이미지를 상징해 주는 요소이다.

3) 항공기 객실구조

항공기 내부 승객이 탑승하는 공간을 객실(Cabin)이라고 하며 기종에 따라 1층 Main Deck과 2층 공간인 Upper Deck 구조가 있다. 객실은 기종의 크기에 따라 차이는 있으나 몇 개의 구역(Zone)으로 나누며 이 구역은 비상시에는 Exit Door가 되는 Door와 Door 사이를 두고 구분하게 된다. 보통은 A, B, C, D, E Zone으로 나누고 국내 항공사의 경우 A Zone은 일등석으로, Upper Deck은 비즈니스 클래스 등 상위클래스로 운영하고 있다.

항공기 객실에는 승객 좌석, 승무원 좌석, 기내서비스를 준비하는 주방(Galley), 화장실, 비상구, 그리고 승무원의 휴식 공간인 Bunk 등의 시설과 설비로 구성되어 있다.

객실 내부는 승객이 통행할 수 있는 통로(Aisle)가 있는데 통로가 한 개인 항공기를 Narrow Body(B737, A320, A321 등)라 하고 통로가 두 개인 항공기를 Wide Body(B747, B777, B767, A380, A350 등)라고 한다. 그리고 항공기의 비상구 수와 좌석 수에 따라 대형기, 중형기, 소형기로 구분할 수 있다.

국내 FSC(Full Service Carrier)가 보유하고 있는 기종을 중심으로 대형기, 중형기, 소형기의 구조를 알아보도록 한다.

(1) 대형기

대형기는 통로가 두 개인 Wide Body로 대표적 기종은 B747-400, B747-8i, B777-300, A380이 있다. 비상구는 항공기 양쪽에 각 5~6개가 있고 객실 구역은 전방에서부터 A, B, C, D, E Zone으로 구분한다. B747의 경우 Upper Deck에 일부의 좌석 공간이 있고 A380은 2층 전체가 객실 좌석으로 구성되어 있다. 승객 탑승 가능한 좌석 수는 300~500석 이상으로 비행시간 10시간 이상의 유럽이나 미주노선 등 장거리에 주로 운항한다.

대한항공에서는 객실 전방인 A Zone은 일등석으로, Upper Deck은 이등석인 프레스티지 클래스로 운영하며 아시아나항공에서는 기존에 일등석으로 운영하던 A Zone 그리고 Upper Deck을 이등석인 비즈니스 클래스로 운영하고 있다.

Upper Deck으로 올라가는 계단은 B747의 경우 B 구역과 C 구역 사이에 있으며 A380은 A 구역에 연결되는 계단이 있다.

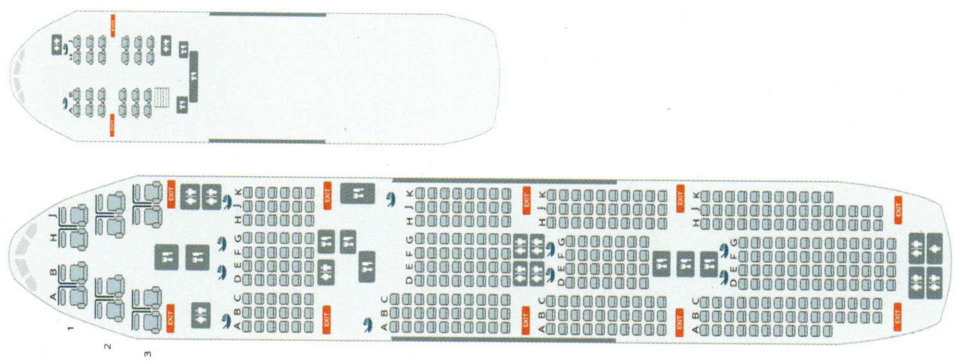

▶ B747-400 좌석배치도 출처: 대한항공 홈페이지.

(2) 중형기

중형기는 대형기와 마찬가지로 통로가 두 개인 Wide Body이지만 항공기 Door 수가 대형기보다 적다. 대표적 기종은 B787, B777-200, A350, A330 등이 있으며 비상구는 항공기 양쪽에 각 3~4개가 있고 객실 구역은 전방에서부터 A, B, C, D Zone으로 구분한다. 승객 탑승 가능한 좌석 수는 200~300석 이하이다.

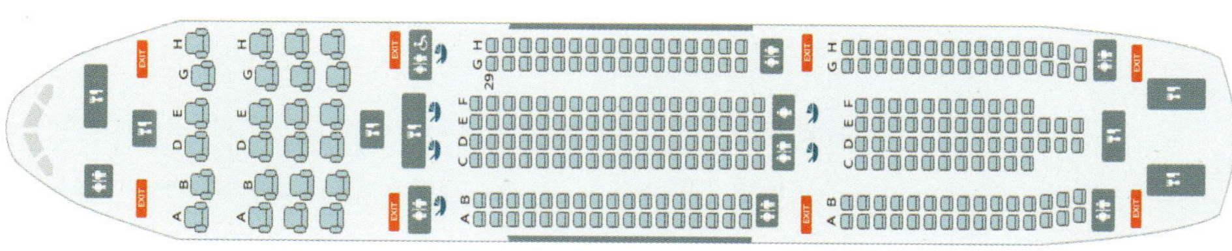

▶ A330-300 좌석배치도 출처: 대한항공 홈페이지.

(3) 소형기

소형기는 통로가 한 개인 Narrow Body로 대표적 기종은 B737, A321-neo, A320, A220 등이 있으며 비상구는 항공기 양쪽에 각 2~3개가 있고 승객 탑승 가능한 좌석 수는 100~200석 이하로 주로 비행시간이 5시간 이하의 단거리 국제선이나 국내선을 운항한다. 객실 구역은 A & B Zone으로 구분하거나 모두 일반석으로 하는데 대한항공의 B737의 경우 A Zone을 Prestige Class로 운영하고 있다.

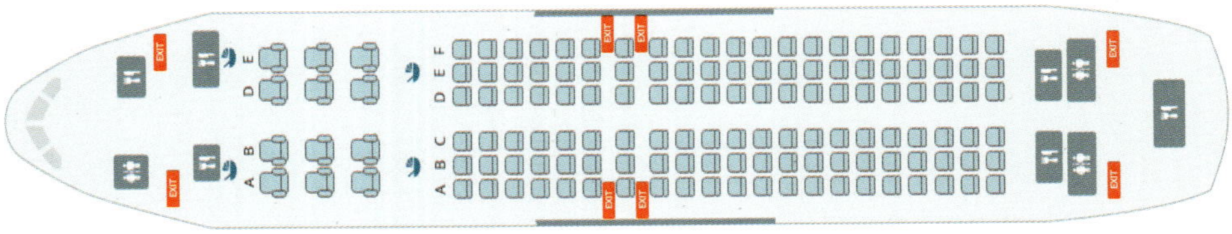

▶ 대한항공 B737-800 좌석배치도

출처: 대한항공 홈페이지.

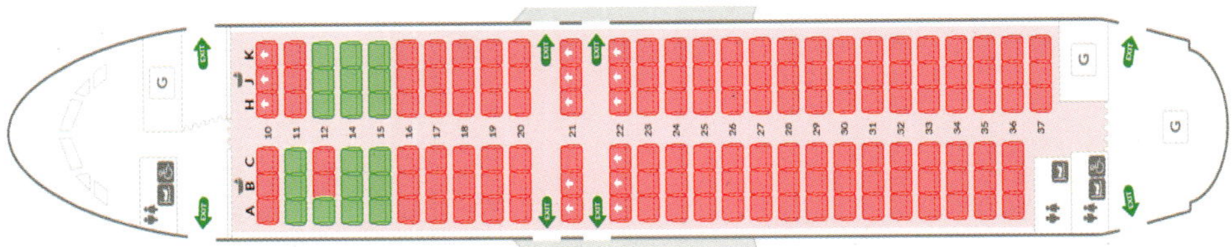

▶ 아시아나항공 A320-200 좌석배치도

출처: 아시아나항공 홈페이지.

2 객실 서비스 등급의 이해

객실 서비스 등급은 항공사마다 그에 대한 명칭은 다르나 일반적으로 일등석(First Class), 이등석(Business Class), 그리고 일반석(Economy Class)으로 나뉘며 이러한 좌석 등급의 기준은 좌석 간격(Seat Pitch)과 제공되는 기내식의 품질로 구분된다. 등급에 대한 표기는 일등석(First Class)은 F, 이등석(Business Class)은 C, 일반석(Economy Class)은 Y로 표기한다. 이러한 표기법의 시초는 미국의 팬암(1927~1991) 항공사로 1970년대 출장 등의 상용 목적의 비즈니스 승객의 수요가 증가하자 일반석보다 고급화된 서비스를 제공하는 클리퍼(Clipper) 클래스를 운영하였는데 이때부터 비즈니스 클래스를 Clipper의 'C'로 표기하기 시작하였다.

객실 서비스 등급은 항공기 서비스 구역(Zone)과 마찬가지로 객실승무원의 근무구역을 설정하는 기준이 된다. 저비용항공사(LCC)의 경우 소형 항공기에 단일등급으로 운영한다.

1) 일등석(First Class)

대부분 항공사의 일등석(First Class)은 Main Deck의 객실 전방이나 Upper Deck에 있으며 다른 등급보다 좌석 간격이 가장 넓어 편안하고 쾌적한 환경을 제공한다. A380의 경우 대한항공의 일등석은 객실 전방에 있으며 세계에서 A380 기종을 가장 많이 보유하고 있는 에미레이트 항공과 루프트한자 항공은 2층에 일등석이 위치한다. 좌석 수와 좌석 간격 또한 항공사와 기종별로 약간의 차이는 있으나 6석에서 최대 20석을 넘지 않는다.

B777-300의 예로 대한항공의 일등석은 6좌석에 83인치(211cm)의 좌석 간격이며 동일 기종으로 싱가포르 항공에서는 8좌석에 80인치(208cm)의 좌석 간격으로 운영하고 있다.

신기종의 일등석은 180도 평면까지 가능한 각도 조절의 좌석으로 호텔 침대와 같은 편안함을 제공하고 칸막이가 설치되어 있어 휴식 중 승객의 프라이버시를 존중해 주는 안락한 분위기를 연출하고 좌석 주변에 개인용 옷장과 넓은 팔걸이 안 수납공간으로 쾌적함을 제공한다.

▶ 대한항공 일등석 코스모 스위트 Seat

출처: 대한항공 홈페이지.

2) 이등석(Business Class)

이등석(Business Class)은 Main Deck의 일등석(First Class) 후방이나 Upper Deck에 위치한다. 이등석에 대한 호칭은 대부분 항공사에서는 Business Class, 대한항공에서는 프레스티지 클래스(Prestige Class)라고 하며 항공사마다 특색 있는 호칭과 다양하고 높은 서비스 품질을 제공하여 차별화된 마케팅 전략의 등급으로 운영하고 있다.

최근에는 항공사의 치열한 운임경쟁 속에서 값비싼 일등석의 수요가 감소하는 추세에 First Class 운영을 중단하고 대신 비즈니스 클래스를 확충하는 항공사가 늘고 있다. 아시아나항공의 경우 2019년 전 기종의 일등석(First Class)을 모두 폐지하고 로열 비즈니스 클래스, 비즈니스 스마티움, 비즈니스 스위트 등 비즈니스 클래스로 운항 중이다.

▶ 비즈니스

▶ 비즈니스 스마티움

▶ 비즈니스 스위트

출처: 아시아나항공 홈페이지.

3) 일반석(Economy Class)

일반석(Economy Class)은 상위클래스와 비교해 좌석 간 거리나 개인 공간이 협소하지만 대부분 승객이 이용하는 가장 대중적인 클래스이다.

최근에는 B777, B787, A330, A350 등 신기종의 일반석에 좌석 설비의 최신화, 기존보다 넓은 Seat Pitch 확보 등 승객의 편의를 위해 노력하고 있다.

대한항공의 인체공학적 설계로 슬림해진 좌석을 제공하는 뉴이코노미와 케세이 퍼시픽 항공, 에어프랑스, 알리탈리아, ANA 항공 등은 프리미엄 이코노미, 델타항공은 델타 컴포트 플러스, 델타 프리미엄 셀렉트라는 특색 있는 명칭으로 새로운 이코노미 클래스로 변화를 주고 있다.

3 객실 시설의 이해

항공기 객실 내부를 구성하고 있는 주요 시설로는 가장 많은 공간을 차지하는 좌석(Seat)이며 좌석은 승객 좌석과 객실승무원 좌석이 있다. 그 외 항공기 도어(Door), 서비스 물품을 보관하고 준비하는 공간인 주방(Galley), 화장실(Lavatory), 그리고 각종 시스템 장비이다. 세계적으로 가장 많이 운항되는 Boeing과 Airbus의 상용 항공기의 기본적인 내부 구조 및 시설은 거의 비슷하다. 즉, 주문한 항공사의 요구에 따라 다소 좌석 수 및 시설 변화가 있을 수 있고 자사의 CI를 반영한 기내 인테리어의 차이가 있을 뿐 세계 여러 항공사의 항공기 내부 시설에 큰 차이는 없다고 할 수 있다.

1) 좌석(Seat)

(1) 승객 좌석(Passenger Seat)

승객 좌석은 좌석 등급에 따라 좌석의 형태와 좌석 간격이 다르다. 그러나 기본적으로 좌석에는 팔걸이(Armrest), 테이블(Tray Table), Seat Pocket, 좌석벨트 그리고 모니터 & AVOD(Audio Video on Demand) 시스템 등으로 구성되어 있다.

AVOD(Audio Video on Demand)란 영화나 음악, 게임 등 승객이 원하는 시간대에 이용할 수 있는 In-Flight Entertainment System을 말한다. 모니터는 AVOD(Audio Video on Demand System)이 갖춰진 기종에는 앞 좌석에 설치된 개인용 모니터가 있으며, 항공사에서 준비한 프로그램을 일괄적으로 보여 줄 때 이용하는 공용 모니터인 Main Screen 형태 2가지 유형이 있다. AVOD System에는 20여 개 이상의 다양한 비디오와 100여 개 이상의 음악 채널로 다양한 프로그램을 제공하고 있다.

좌석 하단에는 승객의 수화물을 고정하기 위한 Seat Restraint Bar가 설치되어 있고 구명조끼(Life Vest)가 들어 있는 파우치가 부착되어 있다. 그리고 좌석의 쿠션은 물에 뜨는 소재로 비상착수 시 부유물로 사용할 수 있다.

좌석 팔걸이에는 좌석을 뒤로 젖힐 수 있는 조절 버튼과 승무원호출 버튼, 오디오 조절 버튼, 일부 기종의 전화 버튼 등의 기내 편의시설 조정 장치인 PCU(Passenger Control Unit)가 있으며 AVOD가 장착된 기종에는 좌석 앞 모니터 혹은 팔걸이 안쪽에 부착된 리모컨 PCU로 이용할 수 있다.

좌석 주변으로는 좌석 위 승객의 휴대 수화물을 보관하는 공간인 선반 하단 부분에 'Fasten Seat Belt'와 'No Smoking' 의 Indicator Light, Air Ventilation, 비상용 산소 마스크가 내장된 장치인 PSU(Passenger Service Unit)가 있다.

A320, A220 등 소형기에는 승무원 호출 버튼과 독서등 버튼이 좌석 위 선반 공간에 설치되어 있기도 하다.

그리고 상위클래스의 전 좌석에는 비행 중 Laptop 사용 등에 필요한 전원을 공급하기 위한 ISPS(In Seat Power Supply) 장치가 설치되어 있다. 다양한 형태의 전원 플러그(Plug) 사용이 가능하게 되어 있어 비행 중 사용 가능한 휴대용 전자기기의 전원을 공급하거나 전원을 끈 상태에서 배터리를 충전할 수 있다. 기내 전압은 110V이나 대부분의 Laptop 전원장치는 Free Voltage Type이므로 사용에 어려움은 없다.

▶ 공용모니터

▶ 개인용 모니터(AVOD)와 게임

▶ 모니터의 Remote control PCU

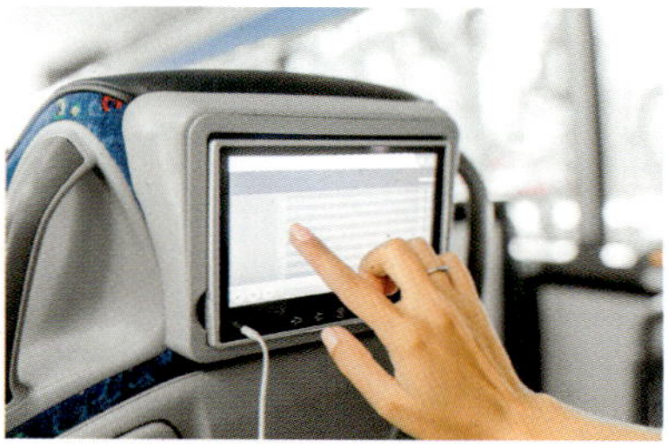

▶ 터치방식 모니터

▶ 좌석 팔걸이에 장착된 PSU Remote control

▶ 독서등, 승무원 호출 버튼, Indicator Light가 켜진 좌석 위 PSU

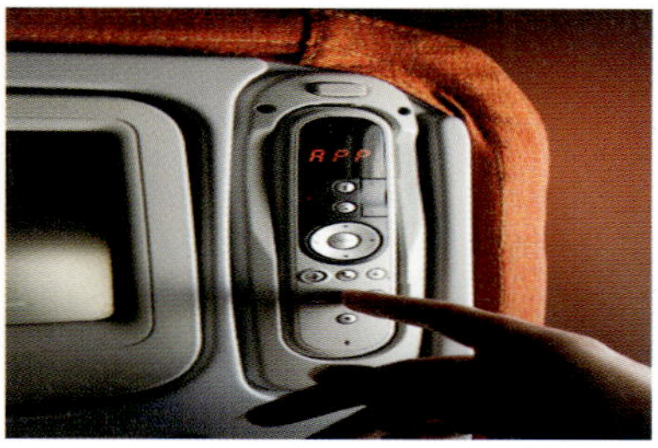

▶ 모니터 Remote Control PSU

①② 개인용 모니터
③ 옷걸이 후크
④ USB 포트
⑤ Remote Control
⑥ 컵 홀더
⑦ Tray Table
⑧ Seat Pocket
⑨ Seat Belt
⑩ Restraint Bar
⑪ Life Vest

▶ 좌석구성요소

Economy Class의 특별한 공간

❶ Bulkhead Seat

객실은 승객의 좌석만으로 구성되지는 않는다. 구역(Zone) 중간에 화장실이나 Galley가 위치하게 되는데 바로 그 구조물 후방에 위치하는 좌석은 다른 좌석보다 비교적 공간이 넓다. 이러한 좌석을 Bulkhead Seat이라 부른다. 이러한 넓은 공간으로 유아를 동반한 승객을 위한 Baby Bassinet을 설치할 수 있다.
일부 항공사에서는 이 좌석을 '레그룸'이란 명칭으로 유료화하기도 한다.

❷ 비상구 열 좌석

객실 안의 모든 비상구(Exit Door) 주변은 비상사태 시 승객들의 원활한 탈출을 위해 다른 좌석 간격보다 넓은 공간을 확보하고 있다. 그러나 이러한 이유로 비상구 열 좌석 배정은 15세 미만 승객, 비상구 작동이나 빠른 탈출에 어려움이 있는 승객, 승무원의 도움 요청과 지시를 인지하는 데 시력이나 청력으로 어려움이 승객, 비상구 열 착석 규정에 대한 준수에 동의하지 않는 승객 등은 제한하며 비상시 객실승무원을 도와줄 수 있는 승객으로 배정한다.

(2) 승무원 좌석(Jump Seat)

객실승무원의 좌석은 사용하지 않을 때는 자동으로 접히고 사용 시 펼치는 형태로 Jump Seat이라 하며 비상시 승무원의 역할 수행을 위해 대부분 모든 비상구 옆에 위치하며 기종에 따라 Galley 안에 있기도 하다. 한 명의 승무원이 앉는 Single Jump Seat과 두 명의 승무원이 착석 하는 Double Jump Seat이 있고 일반 승객의 좌석과 달리 허리 좌석벨트와 어깨에 메는 형태의 벨트인 Shoulder Harness 등 두 개의 벨트가 장착되어 있다.

Jump Seat 주변으로는 기내조명과 온도, 기내 음악 등 각종 시스템 조절 장치와 인터폰, 비상시 사용하는 소화기, 산소통, 비상 장비, 손전등(Work Light) 등 비상 장비가 비치되어 있다.

2) 선반(Overhead Bin)

▶ 위로 여는 선반

▶ 아래로 여는 선반

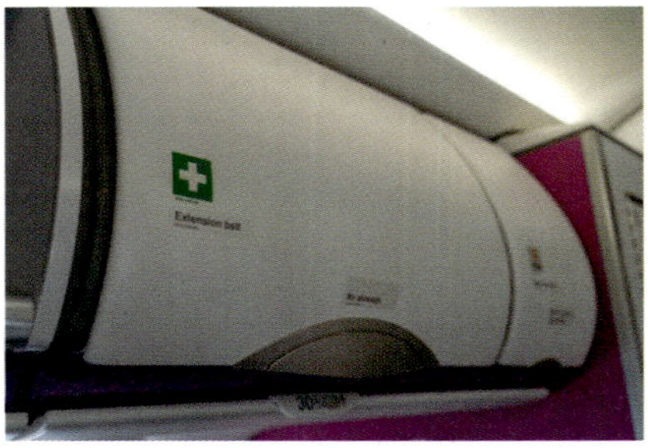

기내에 휴대 수화물(Hand Carry Baggage)을 가져오는 승객의 짐을 올릴 수 있는 공간으로 좌석 위에 설치되어 있으며 Overhead Compartment 또는 Stowage Bin이라고도 부른다. 손잡이를 당겨 아래로 여는 type과 위로 열리는 type이 있다. 이곳에는 외투, 소형 가방 등 가벼운 물건을 보관할 수 있으므로 술병 등 무겁거나 깨질 위험이 있는 휴대 수화물이나 미끄러지기 쉬운 물품은 좌석 아래 보관하도록 안내한다.

이착륙 시 선반이 제대로 닫혀 있지 않아 덮개가 열려서 승객의 수화물이 떨어지면 하단 승객을 다치게 하는 사고가 발생 할 수 있으므로 반드시 선반이 잘 닫힌 여부를 살피는 것이 중요하다.

착륙 후에는 유실물이 남아 있는지 선반 속을 살펴보도록 하며, 신기종의 경우 선반 내부를 비추는 거울이 장착되어 있어 편리하다. 일부 선반 속에는 비상 장비 및 서비스 용품이 보관되어 있기도 하다.

3) 갤리

갤리(Galley)는 비행 중 승객에게 제공할 서비스 용품을 보관하고 기내서비스를 준비하는 공간으로 기종에 따라 그 구성은 다르지만, 클래스별로 1~2개의 독립된 Galley가 있다.

갤리 구성은 오븐(Oven), 워터 보일러, 커피 메이커, Galley Elevator, Compartment, Trash Compactor 등 각종 장비와 작동패널(Panel) 및 보관 공간이 있으며 상위클래스 갤리에는 Micro Wave, 냉장고 등이 장착되어 있다. 이처럼 갤리에는 오븐, 커피 메이커 등 과부하 시 화재를 일으킬 수 있는 장비가 많으므로 늘 주의를 해야 하며 갤리 내 오븐 화재 발생 시 자동으로 화재 오븐의 전원을 차단해 주는 장비인 Circuit Breaker와 일부 기종에는 갤리의 모든 전원을 차단하는 Emergency Power Off Switch가 장착되어 있다.

그리고 갤리는 기내서비스에 사용되는 기물인 Carrier Box, Oven Rack, Cart 등의 Carrying Equipment와 기내식을 담는 각종 식기류, Glassware류, 소모품 등 여러 기용품이 탑재 및 보관되는 장소이며 협소한 공간이므로 근무 시 화상, 파손, 부딪힘 등으로 부상을 입지 않도록 조심해야 한다. 또한, 일반적으로 항공기 안의 모든 물품은 정해진 위치에 탑재되기 때문에 객실승무원은 사용 후 반드시 제자리에 놓도록 하며 특히 이륙 및 착륙 시에는 사용한 모든 장비와 Compartment의 잠금장치를 사용하여(Locking) 안전을 기하도록 한다.

▶ Jump Seat이 있는 객실 후방 Galley

▶ Carrier Box와 Meal Cart가 고정되어 있는 객실 앞 Galley

Galley 장비

장비		기능 및 유의사항	
가열장비	Oven	기내식, 빵, 면 towel 등을 데우는 데 사용한다. 내용물에 따라 규정에 의한 적정한 온도와 시간으로 Heating 한다. 반드시 석면 장갑을 이용하고 화상에 주의한다.	
	Micro Wave	오븐보다 단시간 내에 조리해야 하거나 우유 등을 데울 때 사용한다. 착륙 전에는 반드시 전원을 끄도록 한다.	
	Water Boiler	전기적인 가열로 뜨거운 물이 만들어져 보관된다. 물 저장능력은 4~5리터이고 모두 사용되면 자동으로 채워진다. 사용 전에는 반드시 Air Bleeding을 하여 화상을 입지 않도록 주의한다.	
	Coffee Maker	원두 가루가 든 coffee pack을 이용해 Brewed coffee가 만들어진다. 서비스 직전 Brewing 하여 커피의 향을 유지할 수 있도록 한다. Water Boiler 사용 시와 마찬가지로 반드시 Air Bleeding을 한다.	

<table>
<tr><th colspan="2">장비</th><th colspan="2">기능 및 유의사항</th></tr>
<tr><td rowspan="3">화재진압 장비</td><td>Hot Cup</td><td>라면, 한식 메뉴의 국, 스프 등을 데울 때 사용하는 것으로 갤리에 설치된 전원장치에 접속하여 사용하는 전원 콘센트형과 열판에 전기가 들어오는 바닥 열판형이 있다.

Galley 내 전원장치에 연결된 Hot Cup(우)과 물을 버리는 Drain(좌)</td><td>

</td></tr>
<tr><td>Circuit Breaker</td><td>전기의 과부하 발생 시 해당 오븐이나 장비의 전원공급을 차단시키는 장치이다.</td><td>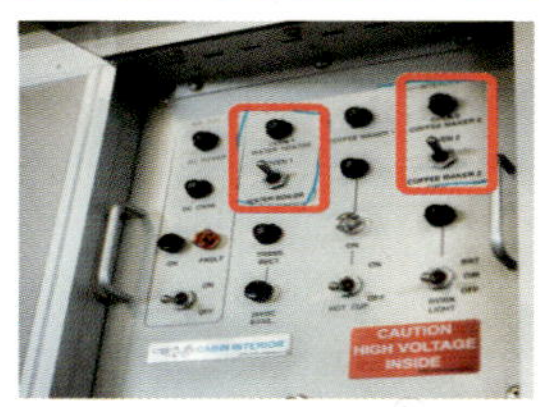
</td></tr>
<tr><td>Emergency Power Off Switch</td><td>갤리 내 화재 발생 시 해당 갤리의 모든 전원을 한 번에 차단시키는 장치이다.</td><td></td></tr>
<tr><td rowspan="2">냉장장비</td><td>Air Chiller</td><td colspan="2">Meal Cart 등이 보관되는 COM'T 내에 차가운 바람이 나오게 하여 기내식음료를 상하지 않게 하기 위한 장치이다.</td></tr>
<tr><td>Refrigerator</td><td>냉장이 필요하거나 차갑게 서비스해야 하는 음료를 보관한다. 모든 기종에 장착되지는 않으며 작은 형태로 공간이 협소하므로 서비스 시점과 사용량을 고려하여 보관한다.</td><td>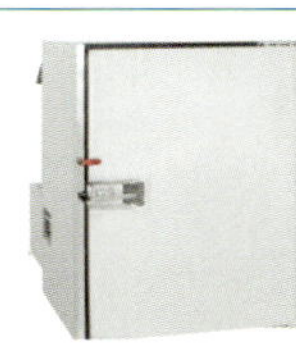
</td></tr>
</table>

장비		기능 및 유의사항	
기타	쓰레기통/ Trash Compactor	갤리에 1개씩 장착되어 있으며 A380, A330, B777 기종에는 쓰레기 배출 공간을 줄이기 위한 쓰레기 압축 시스템인 Trash Compactor가 있다.	
	Compartment	서비스 용품 보관을 위해 여러 Cart나 Carrier Box가 탑재되는 공간이다. 우측사진과 같이 비행기에 설치되어 Cart를 보관할 수 있는 곳과 Catering에서 Carrier Box에 담아 객실 지정 공간에 보관할 수 있다. 보통 안의 내용물이 무엇인지 Carrier Box 외부에 스티커로 부쳐져 있어 식별할 수 있다.	

4) 화장실

화장실(Lavatory)이란 영어 표현으로는 'Restroom' 'Toilet' 'Washroom' 'Bathroom' 'Powder Room' 등 약간의 의미가 다른 여러 표현이 있으나 비행기 안 화장실은 보통 Lavatory라고 한다. 유아 기저귀를 교환할 수 있는 화장실과 장애인용 편의시설이 있는 화장실 등 승객의 편의를 위해 항공기 전체에 고르게 분포하여 설치되어 있다.

대부분 항공사의 화장실 안에는 좌변기, 세면기, 거울, 쓰레기통 등 설비와 화재 예방을 위한 연기감지기인 Smoke Detector, 그리고 비상시 객실승무원의 도움을 요청할 수 있는 Attendant Call Button 등 기본적 시설로 거의 같은 형태이다.

화장실은 화재 위험 방지를 위해 금연구역으로 운용되므로 승객에게 담배와 전자담배 금연수칙을 지키도록 안내해야 하며 항공기 이륙 및 착륙 시에는 승객의 안전을 위해 화장실 사용을 금지하고 있으므로 이 시점에는 화장실 내 승객이 있는지를 확인한다.

(1) 화장실

항공기 화장실(Door) 문은 일반적인 문 형태와 같이 손잡이를 당겨서 여는 일체형 Solid Type과 손잡이 없이 문의 가운데 부분을 밀면 반으로 접히며 열리는 Bi-Folding Type 두 가지가 있다. 화장실을 이용할 때에는 화장실 문에 있는 Indicator를 통해 다른 승객이 사용 중인지 여부를 알 수 있는데 'OCCUPIED'라고 되어 있는 경우는 안에 승객이 있는 것이며 비어 있을 때는 'VACANT' 라 표시된다.

▶ Bi-Folding Type Door

▶ 일반형 Door

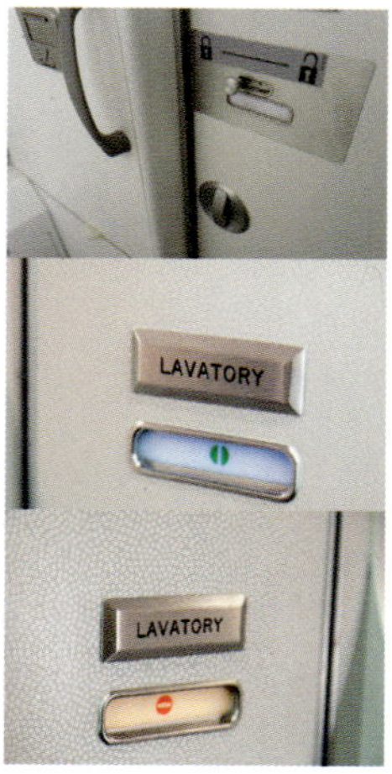

▶ Door 잠금장치

(2) 화장실 변기

기내 화장실 변기의 오물처리는 Water Flushing Type과 Air Vacuum Type이 있다. B747-400, B777, A330 등의 신형 항공기는 물을 사용하지 않고 기압 차를 이용하여 빨아들이는 형식의 Air Vacuum Type이다. 처리된 오물은 기내 오물 탱크로 보내지며 착륙 후 지상에서 배출하게 된다.

반면에 화장실 안 세면대에서 사용된 물은 항공기 내부와 외부의 기압 차를 이용하여 항공기 외부로 배출된다.

▶ 화장실 내부와 담배꽁초 금지 안내가 적힌 쓰레기통

(3) Smoke Detector

화장실 안에서 흡연이나 화재로 발생하는 연기를 감지하여 경보를 발생하는 장치이다. 화장실 안에서 연기가 나거나 화재가 발생하면 경고음과 함께 적색의 경보 점멸등이 켜지게 된다.

금연 공간인 화장실 내부에서 흡연 시 이러한 경고음에 놀란 승객이 미처 끄지 못한 담배꽁초를 쓰레기통에 버리는 경우도 예상할 수 있다. 이로 인해 종이 휴지로 가득 찬 쓰레기통에 화재가 발생되는 것을 예방하기 위해 쓰레기통 내부에는 열 감지형 소화기가 부착되어 있다. 쓰레기통 내부 온도가 72℃ 이상이 되면 자동으로 소화액을 분사하는 형식이다.

Smoke Detector는 화재 발생 시 관리가 취약한 항공기 화물칸이나 기내 화장실, 승무원 휴식 공간(Bunk)에 설치되어 자동으로 알려 줌으로써 신속한 화재진압을 할 수 있도록 해 준다.

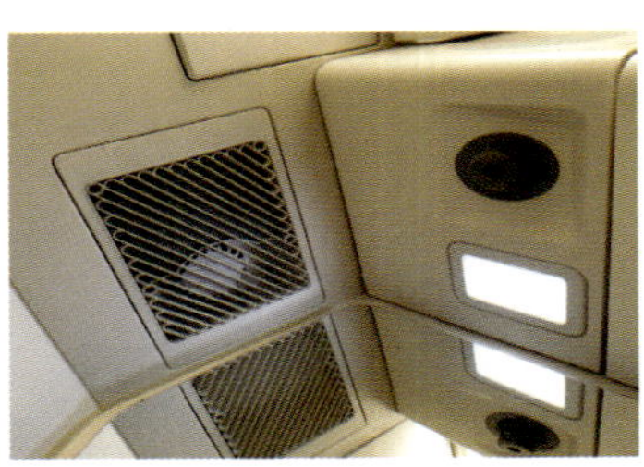

▶ A320 Smoke Detector

▶ A320 쓰레기통 내 열 감지형 소화기

5) 통신시스템(Communication & Calls System) 및 제어장치

객실승무원은 대부분 자신의 Duty Zone에서 근무하지만 다른 Zone이나 클래스에서 근무하는 객실승무원 혹은 운항승무원과의 소통이 필요할 때가 있다. 이때 필요한 장비가 기내통신시스템이다. 이러한 기내통신시스템으로는 승무원 간의 소통 시 사용하는 Interphone, 승객에게 비행 정보를 알리는 PA(Public Address), 비상시 사용하는 Evacuation Command Switch, 승객이 승무원의 도움을 요청할 때 사용하는 Passenger Call button 등이 있다.

(1) Communication & Calls System

① Interphone System

객실 내 승무원 간 의사소통을 위한 시스템으로 그 위치는 객실 내 모든 Jump Seat과 승무원 휴식 공간인 Crew Bunk에 있으며 Handset 형태로 작동법은 기종마다 약간의 차이가 있다.

Interphone 종류로는 기내 긴급상황 시 이를 운항승무원에게 알리는 Pilot Alert Call과 객실승무원과 운항승무원 간의 일반적인 소통 시 사용하는 Pilot Call, 객실의 모든 Station의 승무원을 호출할 수 있는 All Call 그리고 원하는 Station으로 연락을 하는 Station To Station이 있다.

▶ PA 중인 객실승무원

② Public Address System

PA(Public Address)는 기내 전체 모든 승객에게 비행에 관련된 정보를 전달하는 중요한 방송 장비 시스템이다. 어느 Station에서나 사용 가능하며 Interphone System의 고장 시에도 사용한다. 그리고 승객이 헤드폰을 사용하며 기내 엔터테인먼트(Entertainment)를 이용 중이라도 PA가 들리게 되어 있다. 이것은 PA 우선순위에 의한 것으로 PA 중 가장 우선순위는 Cockpit의 PA이며 다음은 객실의 PA, Pre-Recorded Announcements, Video system의 Audio 마지막으로 Boarding Music 순이다.

③ Evacuation Command Switch

Evacuation Command Switch란 비상사태 시 스위치를 누르면 조종실과 객실 전체에 경보음이 울려 위험을 알리는 시스템으로 그 위치는 Cockpit과 Cabin Attendant Station[2]에 하나씩 장착되어 있다.

2) Attendant Station: Attendant Station이란 승무원들이 이용하는 공간으로 Jump Seat, Crew Bunk, 비행 전반에 관한 사항을 작동할 수 있는 Control System Panel 등이 장착된 Door Side 등이 해당한다.

④ Passenger Call button

승객이 승무원의 도움이 필요할 때 사용하는 버튼으로 좌석 팔걸이 혹은 모니터의 PCU에 있고 소형기의 경우는 좌석 위 상단에 위치하며 화장실에도 설치되어 있다. 버튼을 누르면 해당 Station의 Master Display에 청색 Light가 켜지며 동시에 Chime이 울린다. 그리고 객실의 승객 좌석 위 PCU에도 같은 청색 Light가 켜지며 도움을 청한 승객의 위치를 알 수 있다.

화장실의 경우에는 Station의 Master Display에 Amber Light가 켜지며 Chime이 울린다.

(2) 제어장치(Control System)

기내에 제공되는 영화나 음악 등 Entertainment 관련 시스템을 총괄적으로 제어하는 장치로 그 위치는 대부분 객실팀장의 Jump Seat 주변이나 객실 전방에 설치되어 있다. 그 밖에 Air Show, 객실 온도 조절 장치와 객실 조명 조절 패널(Panel)도 기종별 정해진 위치에 설치되어 있으며 주로 객실팀장이나 선임 승무원들이 작동을 맡는다.

▶ Attendant Station에 있는 객실 시스템 조절 패널과 객실승무원

6) Crew Bunk

장거리 비행 시 승무원이 교대로 휴식을 취할 수 있는 공간으로 승무원이 누워 쉴 수 있는 2층형의 간이침대와 독서등, Interphone, 비상 장비 등이 장착되어 있다. 그 위치는 기종에 따라 객실 후방 위층이나 Main Deck 전방 혹은 중간 하단에 있다.

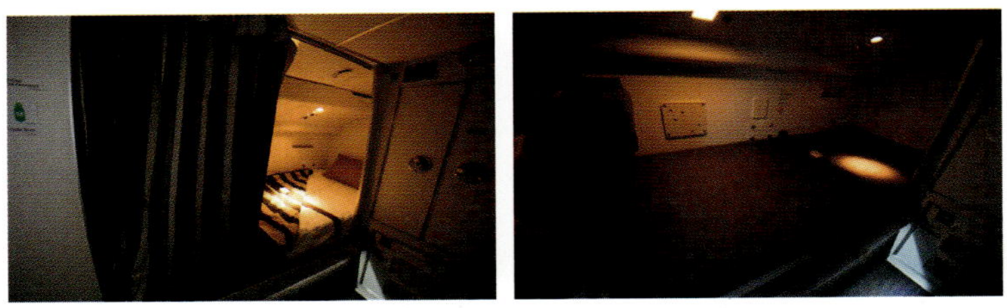

▶ Crew Bunk Boeing 777

7) 항공기 DOOR

항공기 Door는 평상시에는 승객의 탑승 및 하기를 위한 출입구이며 각종 서비스 용품 탑재와 하기용으로 사용하지만, 비상시에는 항공기 탈출을 위한 비상구(Emergency Exit)로 이용된다.

기종에 따라 달라질 수 있으나 대부분 주 출입구는 왼쪽 첫 번째 Door(L1)이다. Door에는 비상사태 시 항공기 외부 지상으로의 탈출을 위한 Escape Slide가 장착되어 있으며 Door의 구성요소는 Door Control Handle, Slide Mode Control Lever, Door Locking Indicator, Viewing Window, Door Warning System, Evacuation System Container 등으로 구성되어 있으며 Door의 유형으로는 Sliding Type, Plug Type, Hatch Type, Stairway Type이 있다.

항공기 Door의 개폐는 내부와 외부에서 모두 가능하며 목적지 도착 후 주로 외부에서 작동하지만, 항공기 내부에서 승무원이 작동할 때에는 비상시 혹은 평상시의 Slide Mode 상태를 확인 후 정확한 작동으로 항공기 안전문제가 발생하지 않도록 주의한다.

즉, 객실승무원은 이륙 전 'Safety Check'를 실시하는데 이는 비상시 지상으로 탈출할 때 필요한 Escape Slide가 팽창될 수 있도록 'Automatic' 혹은 'Armed' 위치로 Slide Mode를 변경하는 것이며 반대로 목적지 도착 후 승객 하기를 위해 Door를 오픈하기 전 'Manual' 혹은 'Disarmed' 위치로 변경하는 안전점검을 해야 한다.

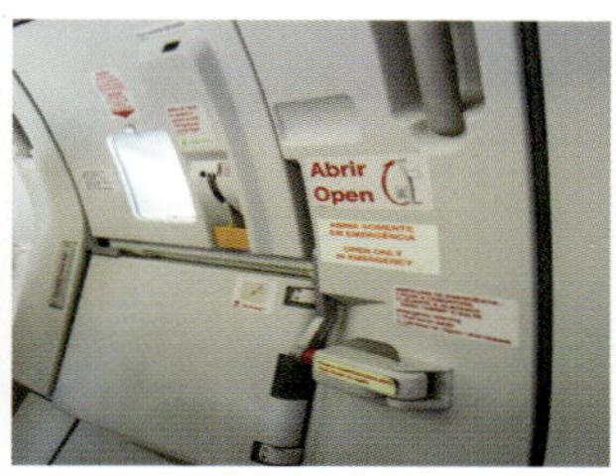

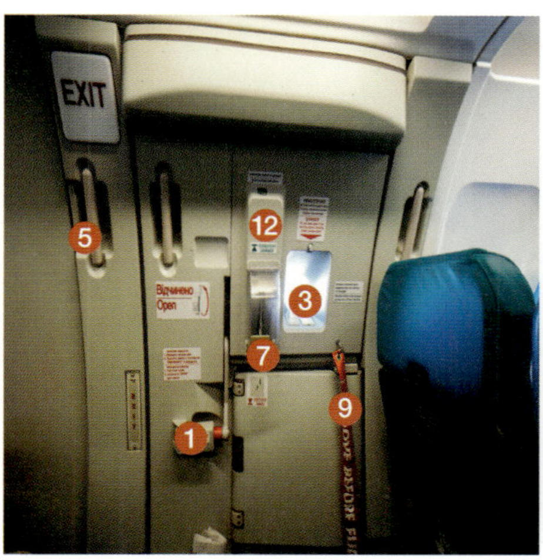

①② Door Operation Handle
⑦⑧ Slide Arming Lever
ARMED/AUTOMATIC(팽창위치)
DISARMED/MANUAL(정상위치)

③④ Viewing Window
⑨ Safety Pin/
⑩ Escape Slide Bustle
⑪ Slide Gas Bottle Gage
⑫ Door Locking Indication

⑤⑥Door Assist Handle

▶ 항공기 Exit Door의 구성요소

Chapter 03. 객실 서비스의 특성과 구성

CHAPTER

03 객실 서비스의 특성과 구성

1 객실 서비스의 개념과 특성

1) 객실 서비스 개념

항공운송서비스(Air Transportation)는 승객이 비행기를 이용하기 전인 예약 및 발권부터 비행 중 그리고 목적지 도착 후까지 전 과정에 걸친 총체적 서비스를 제공하는 것이다. 이러한 항공운송서비스의 여러 특성 중 가장 큰 특성은 무형성과 소멸성이라고 할 수 있다. 즉, 여행객은 예약 및 발권을 통해 항공료를 지불하지만 그 구매의 결과물이 우리가 일반적으로 접하는 상품처럼 물질적인 형태로 접하기 어려운 것이다. 이처럼 항공운송서비스의 핵심은 운송(Transportation)이라는 무형성이며 승객은 항공기에 탑승하는 순간부터 서비스품질을 인지할 수 있는 유형의 서비스를 접하게 되는 것이다.

그리고 항공운송서비스는 저장이 불가하여 해당 비행편의 좌석을 모두 판매하지 못한 경우 일반 제품처럼 재고로 남아 다시 판매할 기회를 얻지 못하는 한시적 속성이 있어 소멸성이란 특성이 있다.

이러한 항공운송서비스는 크게 운송서비스와 대고객서비스로 구분하며 운송서비스란 항공기 운항, 정비와 지상조업 등 승객이 안전하게 목적지까지 이동할 수 있도록 그 과정에 관련된 업무를 의미하며 대고객서비스는 예약 및 발권, 운송, 기내업무 등으로 구성된다.

이 중 객실 서비스는 기내업무의 하나로 승객의 목적지 도착 때까지 비행 중 기내에서 제공되는 유형 및 무형의 항공 서비스이다. 객실 서비스는 전반적인 운송서비스 과정 중 승객을 가장 긴 시간 동안 응대하며 서비스를 마무리하는 단계로 승객의 만족 혹은 불만족에 대한 지각에 영향력을 미치게 되는 중요한 요소이다.

우리나라는 항공여행으로 여가 계획을 세우는 항공소비자 증가와 기존의 FSC(Full Service Carrier)와 더불어 2005년 제주항공을 시작으로 한 여러 LCC(Low Cost Carrier)의 출범으로 국내항공시장의 경쟁이 치열해지면서 항공사마다 다양하고 차별화된 양질의 기내서비스를 제공하여 고객 니즈를 충족시키려 노력하고 있다.

이미지 출처: 박진서(2016).

2) 객실 서비스의 특성

객실 서비스의 가장 큰 특징은 고도(Altitude)의 항공기 기내라는 공간적인 제한과 정해진 비행시간 내에 서비스해야 하는 시간적 제한이 있는 업무라는 것이다. 또한, 항공운송서비스 과정 중 한정된 공간에서 고객과 가장 긴 시간 동안 근접하여 서비스를 제공하는 업무로 고객 만족에 미치는 영향이 크다는 특징이 있다. 이 과정에서 객실승무원의 친절, 고객 응대 태도, 업무수행능력과 같은 대면 서비스품질 정도가 항공사별 차이를 만들 수 있는 중요한 요소라 할 수 있다. 항공사가 보유하고 있는 기종이나 기내 구조는 항공사별 큰 차이가 없고 안전성과 비행속도 등 성능에서도 비슷하며 여행객의 무료 수하물 허용량 또한 국제항공운송협회(International Air Transport Association, IATA)[1)]의 운송규약에 따라 정해지므로 항공운송서비스 중 항공사의 차별화를 위한 서비스는 객실 서비스라 해도 지나치지 않는다. 그러므로 객실 서비스품질은 고객의 기대수준을 넘는 독창적이어야 하며 경쟁 항공사와 비교하여 우위적인 것이어야 한다.

그러나 이러한 인적서비스는 물적 요소처럼 유형화된 것이 아니므로 그 자체를 계량화하거나 수치화 혹은 객관화하기 어렵다는 특성을 갖는다. 그리고 객실 서비스는 항공기 기종과 비행시간에 따라 제공되는 서비스가 달라지지만 기본적으로 서비스 규모에 있어 대형화된 형태의 서비스이다.

1) IATA(International Air Transport Association): 1945년에 설립된 전 세계 민간항공사 동업 조합체로 캐나다 몬트리올에 본부가 있는 국제항공운송협회이다. 세계 항공 교통량의 80% 이상이 IATA 회원사들에 의하여 수행되고 있다. 항공운임 등을 결정하고 각 공항에 대해 중복되지 않게 3 letter code를 지정한다. ICAO와 다른 점은 ICAO는 국제민간항공협약에 따라 설립된 정부 간 국제기구이고 IATA는 항공사들로 구성된 조합이다. 우리나라에서는 대한항공, 아시아나항공, 티웨이항공, 제주항공, 진에어가 IATA 회원사이다.

2 객실 서비스 구성요소

항공사의 객실 서비스는 물적 서비스와 인적서비스로 구성된다. 물적 서비스에는 승객이 여행 중에 이용하는 시설물이나 장비 그리고 기내에서 제공하는 상품, 환경 등이다.

인적서비스에는 객실승무원의 서비스 수준, 고객 응대 태도, 정시운항, 편리한 항공 스케줄, 비행 중의 안전성과 쾌적성 등을 들 수 있다.

이러한 다양한 요소는 고객이 항공사를 선택하는 데 영향을 미치는 항공사 서비스품질과 관련되며 이러한 이유로 항공사 서비스 마케팅 관리대상이 되기도 한다.

항공사를 이용하는 고객은 과거 자신이 탑승했던 경험이나 타인의 평판, 항공사 광고 등으로 해당 항공사의 이미지가 형성되고 사전 기대가 생기게 되며 이는 실제 비행 중의 경험을 통해 서비스 평가로 이어지게 된다. 그러므로 항공사 선택 시 이루어지는 고객의 사전 기대가 높을수록 고객 니즈를 기대 이상 만족시켜야 서비스 이용 평가가 좋아지는 만큼 양질의 물적, 인적 객실 서비스의 균형은 매우 중요하다.

1) 물적 서비스

물적 서비스는 승객이 여행 중 이용하는 각종 시설물과 장비로 항공기, 좌석, 기내 공간, 기내식음료의 품질, 다양한 독서물, 위성 전화, 팩스와 같은 통신시설, 기내영화, 음악 및 오락 등의 엔터테인먼트, 면세품 판매 그리고 기압, 온도, 습도 등에 관련된 운항 중의 환경 및 서비스 전달체계로 구분된다.

항공사는 항공 산업에서 경쟁우위에 있기 위해 기내 공간 확대, 기내 특별 이벤트, 다양하고 품질 좋은 기내식음료 제공 등의 물적서비스 향상 노력을 기울이고 있다.

항공사별 차별화된 서비스의 노력이 엿보이는 물적 서비스 요소에 대하여 살펴보면 다음과 같다.

(1) 항공기와 기내 인테리어

세계 대부분 항공사는 미국의 Boeing과 유럽 컨소시엄 회사인 Airbus에서 제작하는 상용 항공기를 도입하여 운항하고 있다. 따라서 항공기 노후 정도와 정비기술의 차이 그리고 항공사별 CIP(Corporate Identity Program)에 의한 항공기 외장이나 기내 인테리어, 좌석 배치를 제외하고는 항공사별 항공기의 차이는 거의 없다고 볼 수 있다.

그러나 항공 서비스의 가장 대표적인 물적 요소로 들 수 있는 항공기는 그 운항에 있어 이산화탄소 배출이 많다는 환경적 문제를 가지고 있다. 상위클래스의 좌석은 일반석보다 넓으므로 그만큼 더 많은 배출을 한다는 기준으로 ICAO에서는 항공여행객이 비행 중 발생시키는 탄소배출량을 추정하는 일반적 방법을 개발하기도 하였다. 이처럼 현대사회의 주요 사회적 관심인 '친환경'에 발맞추어 항공기 제조에서도 이산화탄소량을 줄여 대기오염을 최소화하려는 연구에 힘쓰며 신기종을 제작하기 시작하였고 항공사는 이러한 신기종을 도입하여 운항함으로써 연료 절감의 경제적 효과와 승객에게는 더욱 편안하고 안정된 비행을 제공할 수 있다.

대한항공과 아시아나항공이 보유한 B777 기종은 기존의 항공기보다 이산화탄소 배출량이 약 20% 이상 줄어들었으며 넓어진 객실 공간과 비행단계에 따라 21종의 다양한 색상의 LED 조명을 이용하여 더욱 아늑한 객실 분위기 연출이 가능하다. 또한, B787 기종은 50% 이상의 탄소 복합 소재로 항공기 동체를 제작하여 무게를 줄이고 연료효율도 높여 환경친화적이며 더욱 넓어진 창문과 개인 공간으로 편안한 여행을 제공하고 있다.

아시아나항공이 보유하고 있는 A350-900 역시 보다 넓은 좌석, 높은 객실 천장, 다양한 조명으로 기존 중대형 항공기보다 넓은 객실 공간을 만들었고 60,000ft에 해당하는 객실 고도와 최소화한 소음으로 쾌적하고 편안한 항공여행을 제공한다.

이렇듯 최신의 설비와 최첨단 시스템을 갖춘 신기종을 도입하여 운항하는 것도 승객에게 기존의 기내환경보다 세련된 인테리어와 편안함을 제공하기에 서비스향상이라는 긍정적인 이미지를 전할 수 있는 것이다.

▶ 객실조명이 켜진 이코노미 클래스

▶ 세계 여러 나라의 항공기

대한항공 B747

Garuda Indonesia A330

아시아나항공 A380

TAP Portugal A320

Alitalia A320

KLM

SWISS항공

Thai Airways B747

Delta AirLines B747

China Eastern

Lufthansa B747

UNITED B747

(2) 기내 좌석

항공사를 이용하는 승객, 특히 장거리 노선을 이용하는 승객에게 기내 좌석의 편안함은 여행에 있어 중요한 만족요소가 될 수 있다.

기존 항공사의 좌석 운영은 등급에 따라 좌석 간의 간격이 다르고 일등석의 고급화에 치중해 왔다. 하지만 최근에는 이등석과 일반석의 좌석을 기존보다 폭을 늘리고 좌석 시설에 대한 편리성에 더욱 치중하며 차별화를 보인다.

대한항공이 보유하고 있는 B787 기종의 뉴이코노미 좌석은 최대 85cm의 좌석 간격으로 기존의 일반석보다 넓은 공간을 제공해 주고 있으며 좌석마다 개인 옷걸이와 기내 엔터테인먼트를 즐길 수 있는 와이드 스크린형 LCD 개인용 모니터가 장착되었다. 그리고 협동체인 B737에 프레스티지 seat를 설치하여 좌석선택의 기회를 제공하고 있다.

아시아나항공에서는 일반 좌석보다 더 여유로운 이코노미 스마티움 클라스와 180도 침대형 seat를 설치한 로얄 비즈니스를 운영하고 있다.

▶ B747-400 일반석

▶ A350 일반석

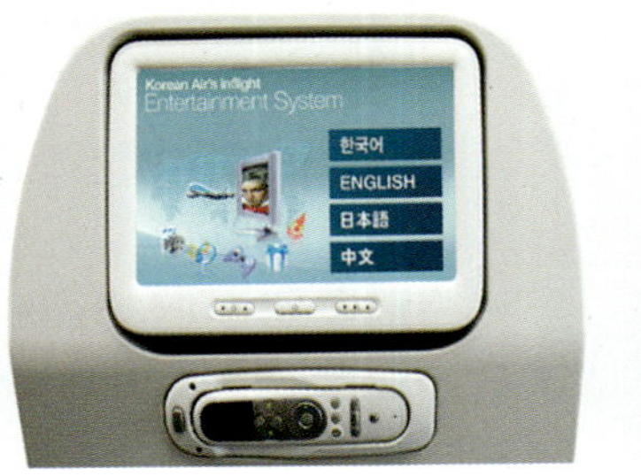

▶ 8.4인치 LCD 개인용 모니터

최대 86cm 좌석 간 간격, 44cm 좌석너비

▶ 11.1인치 개인용 모니터

86cm 좌석 간 간격, 46cm 좌석너비

이미지 출처: 대한항공, 아시아나항공 홈페이지.

(3) 화장실

항공기 화장실(Lavatory)은 대부분 항공사가 거의 같은 형태로 운영하고 있었으나 최근 들어 항공사별로 고급화 및 차별화 전략의 공간으로 이용하는 추세이다.

A380 기종의 일등석 경우 샤워부스가 설치되어 있어 쾌적한 장거리 비행을 제공하고 있으며 일부 기종에는 화장실 내 창문이 있어 좁은 화장실에서 개방감을 느낄 수 있도록 설치되어 있고 몸이 불편한 승객도 쉽게 화장실을 사용할 수 있도록 장애인 승객용 화장실도 있다.

(4) 통신시설

국내 항공사가 보유한 기종에서 제공하는 서비스를 기준으로 하여 A380, B777 일부 기종에서는 통신위성을 이용한 기내 전화사용이 가능하다.

지상으로의 통화 혹은 기내 좌석 간 통화가 가능하여 승객의 편의를 도모하고 있다. 그러나 일반 전화와는 다른 비용 계산 기준에 따라 요금은 상대적으로 비싼 편이다.

A350, A220 기종의 경우 기내와이파이 이용이 가능하며 A350은 기내로밍이 유료로 제공되어 기내에서도 휴대전화 사용이 가능하다.

또한, B747-8i, B747-400, B777-300, B777-200, B787-9, A380-800, A330-200, A330-300 기종의 좌석에 개인 전원 공급 장치(In-Seat Power Supply System, ISPS)가 있어 휴대한 개인용 컴퓨터 사용이 가능하다.

그리고 비즈니스 승객을 위하여 팩스 서비스도 제공하는데 승객의 요청이 있을 때 승무원은 해당 서류를 받아 팩스를 전송해 주며 요금은 승객의 신용카드로 계산한다.

(5) 기내 Entertainment

기내 Entertainment란 각종 영화, 단편물, 음악, 독서물, Airshow 등을 언어별 혹은 국가별로 콘텐츠를 나누어 제공하는 것을 말한다. 국제선을 운항하는 대부분 항공사는 승객들이 지루하지 않은 즐거운 여행이 될 수 있도록 다양한 프로그램을 제공하고 있다.

승객은 기종과 등급에 따라 Main Screen, IVS, DVD, AVOD 등 다양한 시스템의 형태로 Entertainment를 이용할 수 있다.

Main Screen은 프로젝터에 의해 구역(Zone)별 Bulkhead 벽면에 투사되어 상영하는 것으로 Overhead Screen이라고도 하며 기내서비스 절차에 따라 정해진 시간대에 일정 프로그램을 상영하여 승객의 선택 권한이 없다는 단점이 있다.

IVS(Individual Video System)는 Main Screen과 같이 Tape를 플레이시키는 방식으로 운영되는 것이지만 개인별 승객 좌석에 부착된 모니터를 이용한다는 차이가 있다. 영화, 음악, 단편물 등을 승객이 선택하여 이용할 수 있다.

DVD(Digital Video Disk)는 IVS가 설치되어 있지 않은 항공기에서 사용한다.

마지막으로 AVOD(Audio Video On Demand)은 Tape를 플레이시키는 방식이 아닌 컴퓨터 파일을 이용하는 방식으로 영화, 음악, 게임 등의 콘텐츠로 구성되어 있고 AVOD 장착 기종에서 이용할 수 있다.

① 기내영화

항공사에서는 국가별 혹은 영화 장르별로 나누어 다양하게 기내영화를 제공하고 있는데 국내 항공사의 경우 국가별로는 한국영화, Hollywood 영화, 중국 및 일본 영화, 유럽영화를, 장르별로는 가족영화, 클래식 영화 그리고 어린이 영화를 제공하고 있다.

기내영화의 선정기준은 비행기 공간의 특성과 다양한 국적과 연령대의 승객 분포를 고려하여 누구나 편안하고 즐겁게 감상할 수 있는 소재로 하고 있다. 이 때문에 가능한 여러 장르의 영화를 선정하지만, 여객기 사고 및 테러장면 등 승객에게 불안감을 줄 수 있는 영화나 사회적 혹은 정치적으로 논란이 될 수 있는 주제의 영화 등은 배제한다.

② 기내 음악

기내 음악은 채널식, AOD, Boarding Music이 있다. 채널 Music은 클래식, 팝, 가요, 동요 등 다양한 장르를 제공하며 AOD Music은 AOD 장착 기종 노선에서 서비스되며 승객이 원하는 곡을 담아 반복재생으로 이용할 수 있다.

Boarding Music은 승객 탑승과 하기 시에 제공하는 음악으로 라이트 클래식 위주로 안정되고 편안한 곡을 중심으로 사용한다. 하지만 국내 저비용항공사인 진에어의 경우 경쾌한 가요를 사용하기도 하여 Boarding Music으로 항공사의 이미지를 전달하기도 한다.

③ 기내 게임

기내 게임 제공은 항공사별 차이는 있으나 국제선 장거리 노선에서는 어린이를 위한 레고와 같은 장난감 및 체스나 바둑과 같은 오락 물품을 대여해 주고 있다.

AVOD System을 갖춘 기종에서는 보드게임, 퍼즐, 스포츠, 아케이드, 어린이 게임 등으로 분류된 콘텐츠에 다양한 게임이 탑재되어 있어 장거리 여행에 지루함을 덜어 낼 수 있는 서비스를 제공하고 있다.

모니터의 유형에 따라 모니터 터치식과 핸드셋의 버튼을 이용하여 즐길 수 있다.

④ Air Show

해당 비행편의 운항지역에 대한 비행속도, 고도, 외부온도, 출발지 및 도착지 현지 시각, 도착 예정 시간 등 각종 비행 정보를 그림이나 문자로 제공하는 전자정보 시스템이다.

Main Screen이나 개인용 모니터를 통해 상영되며 Air show의 내용은 항공사별로 다양하게 제공되고 있으나 기본적으로는 비행속도 및 고도, 비행기의 현재 위치 등의 비행 정보와 기내안전영상, 전자기기 사용제한 안내 등의 추가정보를 제공한다.

▶ 여러 비행정보를 보여 주는 Air Show

⑤ 독서물

기내에서 서비스되는 독서물의 종류는 각종 일간지, 주간지 및 월간지인 잡지류와 기내도서이다. 일간지는 매일 발행되는 신문이며 기내도서의 경우 최근에는 비용 절감의 이유로 거의 서비스되고 있지 않지만, 일부 항공사에서는 음성을 이용한 Audio Book 서비스를 제공하고 있다. 그리고 승객의 앞 좌석 주머니에는 항공사 기내지와 기내판매 안내 책자, Safety Instruction card 등이 비치되어 있다.

승객에게 서비스된 독서물과 객실 Bulkhead 잡지꽂이에 비치되었던 잡지류는 목적지 도착 전 회수하여 보관하도록 한다.

▶ 좌석 주머니 안의 Safety Instruction card와 기내지를 읽고 있는 승객

(6) 기내식음료

최근 항공업계의 경쟁이 치열해지며 세계 많은 항공사는 물적 서비스의 차별화 및 고급화로 경쟁력을 갖추고자 하는 경향을 보인다. 그중에서 가장 비중을 차지하는 요소가 기내식음료라 할 수 있다. 국내외 항공사에서는 특별히 일등석 기내식 서비스에 다양한 메뉴와 높은 품질로 고급화를 유지하려는 추세이다. 그리고 오늘날 고객들은 과거의 식사 개념인 기내식음료의 의미에서 즐거움을 경험하고 기록으로 남기고 싶어 하는 수단으로 여기는 성향이 강해지고 있어 이러한 승객들의 차원 높은 식음료 서비스에 대한 요구에 부응하기 위해 항공사들은 정선된 메뉴 선정, 고급스러운 기내 식기, 노선 및 계절에 따른 메뉴의 차별화 등으로 노력하고 있다. 이러한 노력 중 국내에 취항하는 국외 항공사의 경우 한국인 승객의 점유율

이 높아짐에 따라 고추장이나 김치를 제공하고 있는데 에어 뉴질랜드는 불고기와 고추장을, 에미레이트 항공에서는 매운 한국식 소고기 요리, 컵라면 등을 서비스하고 있으며 에어프랑스에서는 프랑스 요리와 춘천 닭찜, 영양 찜닭 등의 한국요리 두 가지 선택 메뉴를 두어 한국인의 입맛을 고려한 식사를 제공하고 있다. 우리나라의 항공사들도 기존의 서양식을 근간으로 했던 기내식에서 벗어나 다양한 식단과 웰빙(Well-Being) 식재료 메뉴를 구성하고자 노력하고 있다.

대한항공의 일등석에서는 제주 한라산 제동목장에서 사육된 제동 한우를 사용한 메인요리와 닭백숙, 황태해장국, 사골곰탕 등의 전통 한식 및 전통한정식을 고급화하여 정찬 서비스를 하고 있고 일반석에서도 비빔밥, 비빔국수, 곤드레밥, 낙지 덮밥과 같은 다양한 한식을 기본으로 양식, 중식, 일식 등의 메뉴도 제공하고 있다.

2019년부터 전 노선의 일등석을 폐지한 아시아나항공에서는 국내의 궁중음식 연구원과의 제휴를 통해 격조 높은 한식 메뉴와 최상급의 와인, 친환경 커피 등을 서비스하며 비즈니스클래스 식음료의 고급화에 노력하고 있다.

이처럼 정선된 기내식의 품질 우수성은 항공사 서비스품질을 평가하는 데 중요한 요소로 작용하며 세계 각 항공사가 기내식음료 메뉴 및 식재료 선정에 노력하는 이유이기도 하다.

(7) 기내 면세품

국제선 기내에서 세계 유명 브랜드를 포함한 국내외 다양한 상품들을 제조사로부터 구매하여 저렴한 면세가격으로 승객에게 판매하는 기내서비스의 하나이다. 구매를 원하는 승객은 기내판매 시점에 이용하거나, 탑승하는 비행편에 사전주문 예약하여 구입할 수도 있다.

기내 면세품 판매는 승객들에게 편의를 제공하고 동시에 항공사의 수익을 올리는 데 기여하지만 지상 면세점과 달리 탑재 공간의 제한으로 충분한 상품을 준비하지 못한다는 것과 관세법 규정에 따라 우리나라 입국 시에는 면세 통과 허용 한도인 1인당 USD 600이며 초과분에 대해서는 세금을 내야 하는 법률적 제한이 있다. 단, 1리터 이하의 주류 1병, 담배 200개비, 향수 60ml는 USD600와는 별도의 면세허용량이다.

객실승무원은 이와 같은 제약사항에 승객이 불편을 겪지 않도록 양해와 정확한 안내를 해 줄 필요가 있으므로 목적지 국가에 대한 면세허용 범위도 숙지하도록 한다.

2) 인적서비스

인적서비스는 객실승무원이 기내설비 및 서비스 용품을 이용하여 승객에게 안전하고 쾌적한 여행이 될 수 있도록 돕는 업무라고 할 수 있다. 객실승무원의 태도, 친절, 배려, 신속한 응대, 상황처리능력, 의사소통의 편리함 등과 정시운항, 편리한 항공 스케줄, 안전한 비행, 기내환경의 쾌적함 유지 등이 인적서비스 요소에 해당한다.

최근의 항공사 이용 고객들은 다양한 정보와 경로를 통해 자신의 기준이나 취향에 따라 항공사를 선택하고 있다. 그리고 전반적인 생활 수준 향상과 자유로운 해외여행으로 인한 경험으로 일상의 물적 서비스 품질 만족도나 기대수준이 높아지게 되었다.

객실승무원의 친절한 태도는 승객에게 심리적 혹은 감정적 측면에 만족감과 신뢰를 주는 중요한 서비스 요인이며 객실승무원과 승객의 상호작용 때문에 승객이 인지하는 것으로 승객이 직접 접한 객실승무원의 서비스가 기대와 다르다고 느끼면 불쾌감과 서비스에 불신을 갖게 되는 요인이 되므로 승무원 태도 향상을 통해 고객 만족을 높일 수 있도록 해야겠다.

반면에 기내서비스는 지상에서의 서비스와는 다르게 제한된 공간과 시간 속에서 각양각색의 승객들을 응대하므로 그러한 승객들의 사회문화적 환경과 개개인의 기호를 고려하여 편안한 여행이 되도록 서비스를 제공해야 한다는 데에 어려움이 있다.

그러나 모 항공사의 고객의견서 내용 분석 결과, 비행 중 일어난 고객 불만이나 칭송 사례 대부분이 승무원의 인적서비스와 관련이 있음을 볼 때 고객 만족의 여부는 진솔하고 성심을 다하는 인적서비스에 있음을 명심해야 하겠다.

또한, 객실승무원은 승객이 탑승 전 가지게 되는 항공기를 이용한 비행에 대한 의식적 혹은 무의식적인 불안감을 해소하고 안전하고 편안한 여행이 되도록 하며 비상상황 시에는 승객들의 안전을 책임지는 임무를 수행해야 한다. 그러므로 승무원은 기내에 탑재된 각종 보안 및 비상 장비의 위치 파악과 사용법을 잘 숙지하여 필요할 때 신속하게 대처할 수 있도록 해야 한다.

(1) 서비스 기본자세

항공여행을 하는 고객의 여행목적은 비즈니스, 친지 방문, 유학, 관광 등 매우 다양하다.

특별히 국제선 장거리 여행인 경우는 긴 비행시간 동안 기내에서 받을 서비스에 대한 호기심과 기대로 탑승을 하게 된다. 그리고 서비스 제공자인 객실승무원을 만나는 것에 대한 기대도 많을 것이다. 여행목적이 무엇이든 대부분 고객은 '하늘 위에서의 특별함'과 '목적지에서의 즐거움'을 가지고 탑승하게 되므로 그 여행길에 가장 오랜 시간을 함께하는 객실승무원은 밝고 친절한 자세로 고객의 감정과 기대를 해치지 않게 해야 할 것이다.

그러므로 객실승무원은 꾸준한 자기 관리와 이미지메이킹을 통해 고객에게 여행의 즐거움을 전할 수 있도록 노력해야겠다.

이미지를 결정하는 요소는 내적 이미지와 외적 이미지로 나누어 볼 수 있고 이 두 요소의 조화로 호감적이고 좋은 이미지를 갖게 된다.

내적 이미지(personality)는 본질적인 의식과 정서를 포함하여 가치관, 지적 수준, 신뢰감, 배려, 겸손함 등을 통해 은연중에 표출되지만, 외적 이미지(appearance)는 용모, 복장, 태도, 표정, 메이크업, 자세 등 보다 직접적이며 짧은 시간 안에 전달된다.

긍정적인 Personality와 단정하고 바른 Appearance로 다음 비행단계별 고객 응대를 통하여 고객 만족을 이끌 수 있도록 한다.

① 탑승 위치 대기 자세

객실승무원은 항공기에 탑승하여 기내안전 및 보안, 기내서비스 용품 그리고 서비스 설비 및 기물을 점검하며 비행을 준비한 후 승객 탑승을 위해 담당 구역에서 대기하게 된다. 사전에 객실팀장으로부터 승객 탑승을 알리는 PA를 듣게 되므로 미리 용모 복장을 재점검하고 승객을 맞이한다.

승객과 처음 만나는 시점으로 밝은 첫인상을 전해야 하겠다.

억지웃음이 아닌 마음에서 우러나오는 밝은 모습으로 승객을 응대하는 것은 서비스의 기본자세이다.

- 가슴과 등을 곧게 펴고 시선은 승객을 향한다.
- 환영 인사말과 함께 승객과 자연스럽게 Eye Contact 하며 밝게 미소 짓는다.
- 짝다리를 하거나 몸을 흔들지 않는다.
- 뒷짐을 지거나 승객 좌석, 벽 등에 기대지 않는다.
- 동료 승무원과 잡담하지 않는다.

② 탑승권 재확인 자세

승객의 좌석을 신속하게 안내하기 위하여 탑승권을 확인하게 되는데 이때 두 손으로 혹은 한 손을 다른 한쪽 손의 밑에 받치며 탑승권을 공손히 받아 좌석 번호를 확인한다. 승객에게 돌려 드릴 때는 승객 측에서 탑승권이 바로 보이게 하여 드리도록 한다. 신문이나 잡지 등을 제공할 때도 승객에게 제호가 보이도록 하여 드린다.

탑승권같이 가벼운 물건은 건네는 도중 떨어뜨리지 않도록 주의한다.

이미 탑승구 앞에서 탑승권을 확인받은 승객은 탑승권 확인 재요청에 짜증을 낼 수도 있는데 이때는 고객의 번거로운 마음을 이해하여 웃으며 정중히 다시 요청한다.

③ 좌석 안내 자세

좌석을 안내할 때는 담당 구역에서 먼 좌석은 올바른 방향 지시 자세로 안내하며 가까운 좌석은 직접 승객을 모시고 안내한다.

객실 뒤쪽이나 객실 내 왼쪽, 오른쪽 통로로 방향을 전환하여 이동 시에는 승객이 잘 따라오는지 체크하며 안내한다.

안내를 위해 이동 중 통로에서 다른 승객과 마주친 경우 가볍게 목례를 하고 승객이 먼저 지나가도록 배려한다.

- 방향을 안내할 때는 손가락을 가지런히 모아 손 전체로 가리킨다.
- 팔을 펴는 각도로 거리감을 표현한다.
- 시선은 승객을 보고 안내 방향으로 향했다가 다시 승객과 Eye Contact 하며 미소 짓는다.
- 우측은 오른손, 좌측은 왼손을 사용하여 안내한다.

④ 수화물 정리 지원 자세

기내 휴대 수화물의 보관은 승객이 직접 하지만 안전하고 신속한 탑승을 위해 도움이 필요한 승객이나 바르지 않게 보관하는 승객의 수화물은 안내하도록 해야 한다.

좌석에 앉은 승객과 대화 시에는 승객의 1열 앞이나 승객 좌석 팔걸이 옆으로 서서 되도록 승객과 정면으로 하여 위치하고 공수 자세로 응대한다. 대화가 길어질 때는 자세를 단계별로 낮추어 눈높이 자세를 취하도록 한다.

그리고 선반에서 승객의 수화물을 올리거나 내릴 때는 좌석에 앉아 계신 승객에게 양해를 구하고 두 손으로 조심스럽게 정리하며 만약 승객의 어깨나 팔에 부딪힌다면 반드시 정중하게 사과하도록 한다.

⑤ 걷는 자세

좁은 기내 통로를 다닐 때는 몸을 과하게 흔들거나 승객의 어깨나 팔 등을 치지 않도록 해야 하며 이를 위해 보통 손을 앞으로 가지런히 모은 공수 자세로 걷는 것이 좋겠다. 특히 Cart를 이용한 서비스 중이나 이동 중일 때는 Cart로 승객의 무릎이나 발을 다치게 하지 않도록 조심해야 한다. 그래서 이동 시 '실례합니다' 혹은 'Cart 지나가겠습니다'와 같이 승객에게 주의 주는 것이 필요하다.

Walk Around 시에는 비행 중 건강 이상이나 불편을 느끼는 승객이 없는지 전반적으로 살펴보아야 한다. 야간비행 시에는 식사 후 주무시는 승객이 많은데 이때에는 특별히 조용하게 걸어 다니는 세심함이 필요하다.

(2) 특수고객 응대 자세

기내에는 노약자, 어린이, 임신부 그리고 시각/청각 장애인 고객과 같이 특별한 도움이 필요한 승객들도 탑승한다. 기내에서 이러한 승객을 적극적으로 보살피고 배려하는 것은 해당 승객뿐만 아니라 주의 승객들에게도 편안하게 여행할 수 있는 환경을 조성하는 것이다.

① 장애인 고객

시각 혹은 청각장애가 있거나 휠체어로 이동해야 하는 승객들이다. 국내 항공사에서는 고객의 편리하고 안전한 여행을 위해 탑승에서 입국까지 안내 및 보조 서비스를 제공하고 있다.

▶ 기내에 탑승한 시각장애 안내견

객실승무원은 장애 승객이 탑승한 경우 지나친 배려나 동정을 보이는 행동을 보이지 않도록 조심하며 응대해야 한다. 반드시 승객에게 도움이 필요한지를 확인하고 제공하며 특별히 청각장애 승객에게는 정확한 발음으로 천천히 대화하도록 하며 필요시에는 메모하여 보여 드리는 것도 좋다. 만약 객실승무원이 수화(Sign Language)를 할 수 있다면 더욱 좋은 서비스가 될 것이다.

시각장애 안내견을 동반한 고객의 경우 안내견은 비행 중 손님의 발아래에 있게 되는데 안내견을 애완견 대하듯이 지나친 관심을 보이지 않도록 주의한다.

② 임산부 고객

임산부 고객의 항공여행은 탑승일 기준 임신 32주 미만은 가능하고 32주 이상 임산부는 건강진단서와 서약서 제출 후 탑승이 가능하며 37주 이상의 임산부는 고객의 안전을 위해 탑승이 불가하다.

탑승 시 고객의 휴대 수화물 정리를 도와드리고 필요한 용품이 있는지 여쭤 보도록 한다.

기내가 다소 춥다고 느껴지신다면 여분의 담요를 제공하는 것이 좋다. 그리고 화장실을 자주 가야 하는 임산부의 특성을 고려하여 화장실 위치나 이용법을 미리 알려 드리는 것도 좋겠다.

③ UM 고객

보호자를 동반하지 않고 혼자 여행하는 만 5세 이상에서 만 11세 이하(국제선) 어린이를 UM(Unaccompanied Minor)이라고 한다. UM은 지상에서부터 담당 직원이 항공기 탑승 때까지 동반하여 기내 객실승무원에게 인계한다. 대한항공의 경우 5시간 이상의 비행편에서는 비행 중 UM의 모습을 편지로 작성하여 보호자에게 전달하는 'Flying Mom Service'를 제공하고 있다. 이륙 전 좌석벨트 착용을 도와주고 비행 중 어려움이 없는지 주의 깊게 살펴보아야 한다.

④ 유아 동반 고객

생후 7일 이상부터 만 2세 미만의 유아를 동반한 고객으로 유아는 보호자 승객과 함께 착석하며 별도의 좌석은 제공되지 않는다.

객실승무원은 사전에 유아용 요람(Baby Bassinet, BSCT)을 신청하였는지 확인하여 이륙 후 제공이 가능함을 안내한다. 그리고 기저귀 교환대가 설치된 화장실 안내와 비행 중 필요한 용품 확인을 하고 휴대 수화물 정리도 도와드린다.

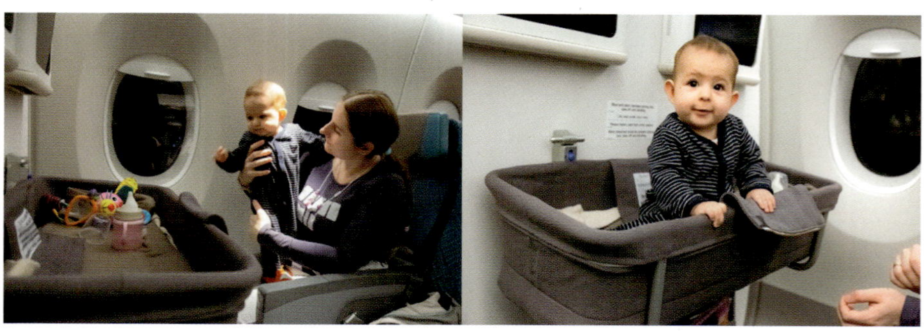

▶ 유아를 동반한 승객과 Bulkhead에 장착된 Baby Bassinet

객실승무원의 고객응대

- 유니폼은 항상 청결하고 단정하게 착용한다.
- 얼굴이나 손 등 항상 청결을 유지하여 승객에게 불쾌감을 주지 않도록 한다.
- 편안하지만 정중한 태도로 응대한다.
- 고객의 요구에는 잊지 않고 신속히 해결한다.
- 무표정이나 눈 흘김 등의 시선으로 고객을 응대하지 않는다.
- 고객과 논쟁을 하지 않는다.
- 고객과 대화 시 지나친 전문용어를 사용하지 않는다.
- 정확한 발음과 속도로 대화하며 낮은 톤으로 중얼거리지 않는다.
- 적절한 쿠션용어를 사용하여 대화한다.
- 어린이 승객이라도 반말을 하지 않는다.
- 부드러운 Eye-Contact로 승객의 말을 경청한다.
- 승객과의 대화 내용에 따라 자연스러운 표정으로 응대한다.
- 고객의 질문에 정확한 답변을 할 수 있도록 항상 비행 정보를 숙지한다.
- 고객의 말을 이해하지 못했을 때는 추측하지 말고 정중히 다시 확인한다.
- 특정 고객과 지나치게 오래 대화하지 않는다.
- 기내 Walk around 시에는 바른 자세로 조용히 걷는다.
- 기내 응급 상황 시에도 뛰지 않는다.
- 기내 복도나 화장실 등에서 승객과 마주칠 때 가볍게 인사한다.
- 승객이 요청한 서비스를 할 수 없을 때는 대체 서비스를 제안한다.
- 밝은 모습으로 승객을 응대할 수 있도록 항상 건강과 체력관리에 노력한다.

다음은 항공사의 실제 고객 불만 사례입니다.
어떤 태도가 잘못되었는지 생각해 보고 바른 고객 응대로 바꾸어 봅시다.

고객 불만	고객 만족을 위한 태도 및 화법
① 여러 번 승무원 호출 버튼을 눌렀는데 오지도 않고 불성실함	
② 유아 동반하여 탑승했는데 짐도 들어 주지 않고 BSCT 요청에도 가져다주지 않다가 여러 번 요청에 다소 귀찮은 듯 사과도 없음	
③ 발아래 짐을 놓아두었는데 승무원이 아무 말도 없이 들어서 위에 넣어 버림	
④ 신문 요청에 단번에 없다고 함 무성의하고 표정 없음	
⑤ 앞쪽으로 자리 좀 바꿔 달라 했더니 알아보지도 않고 없다고 하고 바람처럼 가 버림 나중에 객실 앞쪽 빈자리 있는 거 내가 직접 확인함	
⑥ 커피 리필을 복도 좌석 승객들에만 묻고 지나감, 창가 쪽 승객 무시되는 느낌	

고객 불만	고객 만족을 위한 태도 및 화법
⑦ 면세품 구경 중 '아줌마!'라고 하며 빨리 계산하라고 재촉하여 다시는 항공사 이용하고 싶지 않음	
⑧ 추워서 담요 한 장 더 달라고 했는데 대답도 없어 들었는지 아닌지 모르겠고 그나마 가져다주지도 않음	
⑨ 기내식에 이물질이 나와 보여 줬더니 '어머!' 이러고는 기내식 다시 가져가서 황당함	
⑩ 입국신고서 잘못 써서 한 장 더 달라고 했는데 한심하다는 듯이 쳐다보고 건네 줘 오히려 내가 더 미안해하고 친절함	
⑪ 비상구 옆자리, 넓어서 좋았는데 galley에서 승무원들끼리 웃고 떠들어 잠을 잘 수가 없었음	
⑫ 볼펜 빌려 달라 했는데 혼자말로 '귀찮게..'라고 중얼거림(국외항공사)	
⑬ 승무원 좌석에 팔짱을 끼고 앉아서 승객에게 화풀이하듯 승객들 계속 째려 봄(국외항공사)	

Chapter 04. 기내식음료서비스

CHAPTER

04 기내식음료서비스

1 서양식의 이해

기내식을 이해하기 위해서는 서양식 메뉴의 구성에 대한 이해가 선행되어야 한다. 일반석의 식사 서비스는 서양정식메뉴를 기본으로 Meal Tray에 함께 Setting되어 있으며, 상위 클래스에서는 Course별로 서비스한다. 따라서 객실승무원의 서양식에 대한 충분한 배경지식은 원활하고 고급스러운 서비스를 제공하기 위해 기본적으로 갖추어야 한다.

1) 서양식의 특성과 구성

일반적으로 서양식은 프랑스 요리의 구성을 기본으로 한다. 오랜 정통성에 정선된 요리법과 예술성을 더해 세계적으로 그 진가를 인정받고 있으며, 요리분야에서 처음으로 '고품위 서비스'에 대한 개념을 접목시켰으며 공식 접대 요리로도 정평이 나 있다.

서양식은 '한상차림'인 한식과 대조적으로 'Course'별로 식단이 구성되어 있으며 각 Course별 메뉴는 식사의 흐름에 따라 타이밍에 맞추어 제공된다. 식사의 양은 Light-Heavy-Light순으로 구성되어 있고, 맛은 단맛이 적은 Dry에서 소화를 돕는 Sweet한 맛으로 이어지도록 구성되어 있다.

2) Full Course Menu의 이해

서양식 메뉴는 따블르 도뜨(Table D'hote), 알라 까르뜨(A La Carte), Special Menu로 크게 3종류로 나뉜다. Course별로 요리가 제공되는 정식요리인 Table D'hote는 Full Course Menu로 미리 정해진 구성대로 차례로 제공된다. A La Carte는 일품요리로 각 코스별 다양한 Menu 중 기호에 따라 선택할 수 있으며 일반적으로 "전채요리 or Soup-생선요리 or 고기요리-샐러드-디저트-음료" 순으로 주문한다. Special Menu는 Chéf 추천 메뉴로 계절과 장소, 고객의 기호에 따라 구성되어진 메뉴이다.

일반적으로 기내 식사 서비스는 Dinner Course 또는 Full Course Menu라고 하는 Table D'hote를 기본으로 하며 제공 순서는 다음과 같다.

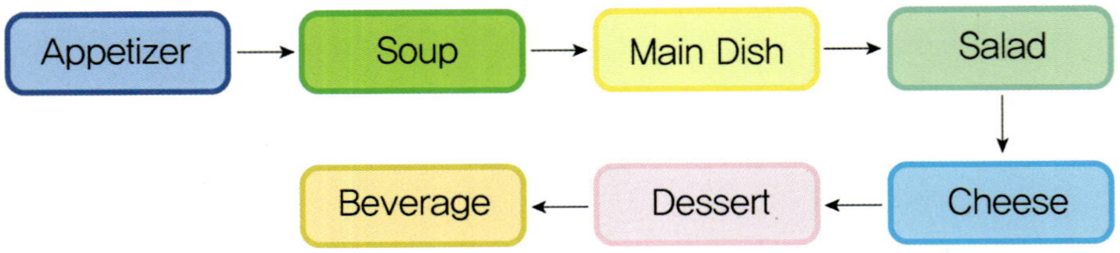

▶ Full Course Menu의 순서

(1) Appetizer(전채요리)

Appetizer는 주요리 전 가볍게 나오는 요리로 짠맛과 신맛이 있어 위액의 분비를 촉진시켜 식욕을 증진시키는 데 도움을 준다. 대체로 먹기 쉬운 크기의 재료를 이용하며 양이 많지 않으며 시각적으로 장식이 화려한 것이 특징이다. 재료가 주요리와 중복되지 않고 균형 있게 구성될 수 있게 해야 한다.

Appetizer는 온도에 따라 차가운 것과 따뜻한 것으로 분류할 수 있다. 차가운 전채요리는 캐비어(Caviar), 푸아그라(Foie Gras), 생굴(Oyster), 훈제 연어(Smoked Salmon), 카나페(Canapé) 등이 있다. 따뜻한 전채요리는 달팽이(Escargot), 송로버섯(Truffle), 이탈리아식 만두(Ravioli) 등이 있다.

종류	특성	취식 방법
 캐비어(Caviar)	철갑상어의 알을 소금에 절인 것으로 가장 대표적인 전채요리이며 세계 3대 진미로 뽑힌다. 단백질을 비롯한 영양소가 풍부하며 콜레스트롤을 만들어 내지 않는 100% 완전흡수 식품이다. 카스피 연안을 중심으로 한 이란산과 러시아산이 유명하다.	항상 차게 해서 즐기는 것이 좋으며 토스트에 올려 계란, 오이, 레몬 등을 곁들이기도 하고 카나페에도 쓰이는 등 다양한 방법으로 즐길 수 있다.
 푸아그라(Foie Gras)	프랑스어로 '살찐 간'을 뜻하며 전채요리 중 최고급 요리에 속한다. 맛이 부드럽고 풍미가 강한 고단백 영양식품으로 캐비어, 송로버섯과 함께 세계 3대 진미에 꼽힌다.	소금으로 간을 하여 버터에 살짝 굽는다. 송로버섯과 아주 잘 어울린다.
 생굴(Oyster)	생굴은 차가운 전채요리로 신선한 상태가 중요시 여겨지는 식재료이다.	레몬을 끼얹어 먹는다.
 훈제 연어(Smoked Salmon)	스테미너에 좋은 훈제된 연어는 맛이 부드럽고 풍미도 좋다.	레몬, 양파, Caper 등과 함께 먹거나 토스트와 함께 먹는다. 카나페에도 쓰인다.

종류	특성	취식 방법
 카나페(Canapé)	Finger Food로 식전에 손으로 간단히 집어 먹을 수 있는 전채요리로 Aperitif(식전주)와 아주 잘 어울린다.	얇고 작게 자른 빵 위에 버터나 크림치즈를 바르고 여러 가지 재료(캐비어, 푸아그라, 훈제연어, 햄, 치즈 등)를 얹어서 다양하게 즐길 수 있다. 손으로 집어 먹어도 무방하다.
 달팽이(Escargot)	프랑스를 대표하는 요리 중 하나로 식용달팽이로 만든 따뜻한 전채요리이다. 단백질과 무기질, 비타민, 필수 불포화 지방산 함량이 높아 건강식으로 꼽힌다.	식용달팽이를 버터와 마늘, 향료를 넣어서 구워 낸다. 에스카르고용 전용 포크를 사용하여 먹는다.
 송로버섯(Truffle)	세계 3대 진미 중 하나로 서양의 흑진주, 흑다이아몬드로 불린다. 한국의 산삼과 비교될 정도로 귀한 대접을 받는 식재료이다. 강하면서도 독특한 향을 가지고 있어 소량으로도 음식의 맛을 좌우한다.	대부분 유통과정에서 신선함을 유지하기 힘들기 때문에 통조림으로 제조되며 다양한 음식과 어울어져 맛을 극대화시킨다. 특히 푸아그라와 절묘하게 어울어져 세계 최고의 사치라 불린다.
 이탈리아식 만두(Ravioli)	밀가루 반죽 사이에 다진 고기나 야채, 치즈를 넣어 만든 네모 또는 반달 모양의 이탈리아식 파스타이다. 전통 이탈리아 가정식으로 전 세계에서 즐겨 먹는 요리이다.	소금을 넣어 끓인 물에 삶은 뒤 토마토 소스, 크림 소스 등을 취향에 따라 곁들이며 그 위에 파마산 치즈를 뿌리거나 육수, 스프 등을 첨가하여 먹는다.

(2) Soup

Soup은 주요리 전에 입안을 촉촉하게 적셔 주고 위의 부담을 줄여 주기 위한 서양식에서 유일한 국물 요리이다. Dinner에 뜨겁게 제공되는 경우가 대부분이며 빵과 함께 나온다. 맑고 투명하며 주로 코냑 색이 나는 Consommé(콩소메)와 전분,

계란 노른자, 생크림 등이 육수(Stock)에 들어가 걸쭉하고 진한 수프인 Potage(포타주)로 구분한다. 주재료나 곁들임에 따라 Soup의 이름이 다양하다.

▶ French Onion Consommé

▶ Mushroom Cream Soup

(3) Bread

빵은 요리의 맛이 남아 있는 혀를 깨끗하게 하여 미각의 신선미를 줘 Course별로 제공되는 음식의 고유의 맛을 느낄 수 있게 한다. 따라서 처음부터 먹거나 스프와 함께 먹기보다는 요리와 함께 시작하고 디저트를 들기 전에 끝내는 것이 올바른 취식 법이다. 스프를 먹은 후 자신의 왼쪽 접시에 있는 빵을 먹도록 하며 손으로 잘라 먹는다. 이때 빵 부스러기가 떨어지지 않게 접시를 이용한다. 빵이 처음부터 제공되는 경우에는 조금씩 먹어도 괜찮다.

Dinner Bread의 종류로는 Soft Roll, Hard Roll, Garlic Bread, Baguette, Bread Stick, Focaccia 등이 있다. Breakfast Bread의 종류로는 Danish Roll, Brioche, Croissant, Soft Roll, Muffin 등이 있다.

▶ Danish Roll

▶ Hard Roll

▶ Focaccia

▶ Muffin

▶ Brioche

▶ Bread Stick

(4) Main Dish(Entrée)

프랑스어인 Entrée는 영어로 'Entrance'의 뜻을 지닌 '본격적으로 시작되는 요리'라는 의미를 내재한다. 서양 정식 코스요리에서 중심이 되는 주요리로 Meat, Seafood, Poultry 등의 다양한 재료를 활용하여 요리하고 Sauce와 함께 낸다. Main Dish의 구성은 Entrée, Starch, Vegetable로 이루어진다.

Main Dish의 구성

❶ Entrée
- Meat(Beef, Pork, Lamb)
- Seafood(Fish, Shellfish)
- Poultry(Chicken, Duck, Turkey)

❷ Starch
- Rice, Potato, Pasta 등 탄수화물이 포함된 재료

❸ Vegetable
- Sprouts, Broccoli, Asparagus, Carrot, Mushroom 등의 익힌 야채류

❹ Sauce
- Pineapple Sauce(Pork)
- Mint Jelly Sauce(Lamb)
- Orange Sauce(Duck)
- Tartar Sauce(Seafood)

① Entrée

Entrée의 종류로는 크게 육류요리와 생선요리(Seafood) 등으로 구분할 수 있다. 소화가 잘되는 생선요리는 원래 Soup 다음 코스로 제공되는 요리였으나 최근에는 정찬이 아니면 생략되는 경우가 많고 육류요리를 대신해 주요리로 제공하기도 한다.

스테이크는 가장 선호되는 Entrée로 부위와 굽는 정도에 따라서 맛이 달라진다. 요리의 이름도 부위와 조리법에 따라 결정되므로 스테이크를 주문할 때는 각 부위의 명칭과 조리법을 알고 취향에 맞게 부탁해야 한다. 육류요리는 입에 들어갈 만큼 세로로 조금씩 잘라 가면서 먹는 것이 예의이다.

Beef의 주요 부위별 명칭과 특징

- **Tenderloin(Fillet)**
  지방이 거의 없는 안심으로 부드러운 육질을 가진 최상급 부위
- **Sirloin**
  안심보다 육질이 약간 질기로 고소한 맛을 지닌 부위
- **T-Bone**
  T자 모양의 뼈를 사이에 두고 한쪽은 Fillet, 다른 한쪽은 Sirloin이 붙어 있어 한 번에 두 가지 맛을 볼 수 있는 스테이크

스테이크의 익힘 정도

- **Rare**
  약간 구운 것. 표면만 구워 중간은 붉은색 날고기 상태
- **Medium Rare**
  Rare보다 조금 더 구운 것. 중심부에 분홍색과 붉은 색이 섞여 있는 상태
- **Medium**
  중간 정도 익힌 것. 중심부가 모두 분홍색을 띄는 상태
- **Medium Well**
  4/5정도 익힌 것. 표면과 중심부까지 충분히 구워져 표면에 분홍색과 갈색이 섞여 있는 상태
- **Well Done**
  완전히 익힌 것. 표면과 중심부가 완전히 익혀져 갈색을 띄는 상태

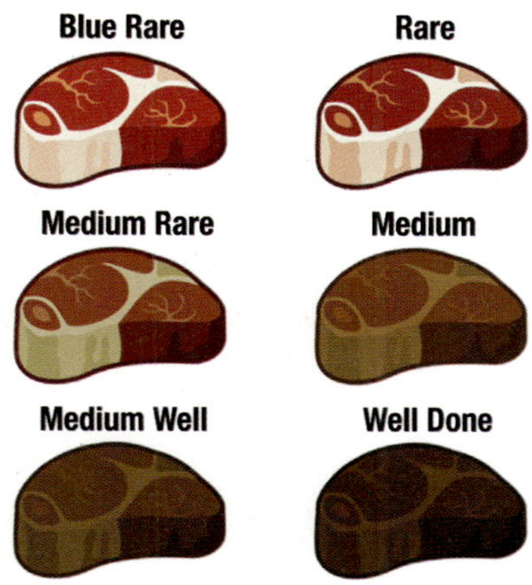

② Starch

Entrée와 함께 제공되는 Starch는 전분이 포함된 곡물, 감자 등의 식재료를 다양하게 활용한다.

구분	명칭	조리법
Potato	 Baked Potato	감자를 껍질 채 통째로 오븐에 구워서 Butter, Sour Cream, Bacon, Green Onion 등과 함께 즐긴다.

구분	명칭	조리법
	 Mashed Potato	껍질을 벗긴 감자를 쪄서 Milk, Butter, Cream을 넣어 으깬다.
	 Parisienne Potato	작은 Ball 모양의 감자를 Butter와 함께 노랗게 굽는다.
Rice	 Saffron Rice	Rice Pilaw에 착색 향료인 Saffron을 넣어 만들어 노랗고 특유의 향이 있다.
	 Fried Rice	쌀밥에 기호에 따라 계란, 양파, 고기, 해산물, 소스 등을 넣어 기름에 볶는다.

구분	명칭	조리법
Pasta	 Lasagna	넓적하게 만든 파스타로 토마토 소스와 치즈를 층층으로 얹어 오븐에 굽는다.
	 Macaroni	속이 빈 대롱모양의 파스타 종류로 삶거나 오븐에 구워서 버터, 순한 향신료 등의 소스로 맛을 낸다.
	 Egg Noodle	밀가루와 계란을 넣고 만든 긴 면류로 다양한 굵기로 끓는 물에 삶아서 요리한다.

③ Vegetable

Entrée에 곁들여져 나오는 야채는 굽거나 데친 상태의 따뜻하게 조리된 것을 말하며, 고유의 맛과 풍미를 느낄 수 있도록 주의한다.

▶ Boiled Vegetables

▶ Baked Vegetables

(5) Salad

Salad는 알칼리성 식품으로 육식의 강한 산성을 중화하는 역할을 한다. 다양한 종류의 신선한 야채들이 어울려진 Salad는 영양학적 의미뿐만 아니라 시각적으로도 요리의 다채로움과 풍성함을 더해 준다. 프랑스를 비롯한 유럽에서는 Entrée와 함께 나오거나 Entrée 이후에 제공하기도 하며, 그 외의 나라에서는 일반적으로 Entrée 전에 제공되기도 한다.

샐러드의 구성

구성	종 류
Base	Iceburg Lettuce, Romain Lettuce, Butterhead Lettuce 등의 Green Lettuce가 대부분의 접시를 채운다.
Body	Belgian Endive, Chicory, Corn Salad, Leek, Celery Radish 등의 색상이 진한 야채로 Base와 색상 대조로 화려함을 더한다.
Dressing	French Dressing, Italian Dressing, Thousand Island Dressing 등 Oil Type과 Cream Type이 있으며 야채에 뿌리는 Sauce이다.
Garnish	Vegetable Garnish, Anchovy Filet, Dried Garnish 등 색상과 향미를 더하는 재료로 다양한 야채류와 맛의 조화가 중요하다.

Best of Best Salad를 위한 Salad 4C 원칙을 알아볼까요?

❶ Clean: 깨끗하고 신선한 재료 사용!
❷ Cool: 항상 차갑게 보관!
❸ Crispy: 냉각한 것처럼 바삭바삭하게!
❹ Colorful: 다채롭고 풍성한 색상 배열!

(6) Cheese

① 치즈의 특성과 종류

치즈는 우유의 단백질을 효소와 유산균으로 응고시켜 만든 영양이 풍부한 식품이다. 우리나라의 김치만큼이나 서양의 식사문화에서 큰 비중을 차지하고 있다. 식사 후에는 달콤하고 향이 있는 재료의 Dessert가 대부분이지만, 프랑스에서는 Dinner에 강한 향기와 맛이 나는 치즈를 먹는 습관이 있는데 주로 Salad와 Dessert 사이에 먹는다. 치즈는 생산지, 제조법, 숙성 정도 등에 따라 맛과 향이 달라지고 고유의 특색을 지닌다.

생산국	치즈명	특성
프랑스	 까망베르(Camembert)	17세기 말 노르망디의 중심부인 Camembert 지방에서 처음 제조된 약간의 Cream을 첨가한 우유로 만들어졌다. 표준 크기는 직경 10cm, 두께 3cm로 연질의 치즈이다. 한 번 자른 후 변질이 쉬우므로 빠른 시일 내에 먹는 것이 좋다. 크래커에 발라 먹거나 오믈렛이나 크레이프에 채워 요리로 즐긴다.
	 브리(Brie)	표면에 생육한 흰 곰팡이에 의해 3~4주간 숙성된 연질의 숙성 치즈로 평평한 원판형 모양이다. 주로 살균하지 않은 우유로 제조하여 숙성기간이 짧아 변질이 쉬운 편이다. 수출용은 살균한 우유를 사용하기도 한다. Camembert와 모양은 비슷하지만 맛이 더 강한 편이다.
	 로크포르(Roquefort)	프랑스 동남부 Roquefort 마을에서 자연동굴을 이용해 만들어진 것으로 유명하다. 푸른 곰팡이에 의해 숙성된 반경질 치즈로 양젖으로 만든 것만을 Roquefort라고 부를 수 있다. 짜릿한 냄새와 자극이 강한 맛이다.
	 부르생(Boursin)	Creamy하고 독특한 향의 연질의 치즈로 70%정도의 지방을 함유하고 있다. Galic, Parsley를 함유하거나 Black Pepper를 묻히기도 한다.
스위스	 에멘탈(Emental)	스위스 치즈라고 불리는 스위스의 대표 경질 치즈로 약간 달콤한 호두 맛이 특징이다. 탄력 있는 조직과 숙성이 진행되면서 가스 구멍인 Cheese Eye가 형성되어 있으며 고온 가열하여 발효 시 생기는 탄산가스로 인해 특유의 풍미가 있다.
	 그뤼에르(Gruyere)	Gruyere 지방에서 200여 년 전부터 만들어 온 경질 치즈로 에멘탈보다 약간 맛이 강하며 Cheese Eye가 훨씬 작다. 6~12개월간 숙성 시키며 각종 요리에 많이 활용된다.

생산국	치즈명	특성
이탈리아	 고르곤졸라(Gorgonzola)	청록색 결이 퍼져 있는 이탈리아 대표 푸른 곰팡이 치즈로 반경질이다. Gorgonzola는 밀라노 근교의 마을의 이름이다. 모양은 평평한 원통형으로 삼각형으로 나눠진 모양이 많다.
	 파마산(Parmesan)	초경질의 고소하고 약간 짠맛이 나는 파마산 치즈는 주로 분말로 사용하며 샐러드나 파스타 등과 함께 즐긴다.
네덜란드	 에담(Edam)	네덜란드의 대표 치즈로 Cow's Milk로 만든 경질 치즈이다. 지방 함량이 40%인 저지방 치즈임에도 풍미가 진한 편인데 발효 도중 Linseed Oil로 코팅하여 더 발효되는 것을 막기 때문이다. 수출용은 붉은 파라핀 왁스를 입혀서 '빨간 공'이라고도 불린다.
	 고다(Gouda)	에담 치즈보다 Mild한 맛의 경질 치즈이다. 작은 발효 구멍이 있으며 제조법은 에담과 거의 유사하나 지방이 더 많고 짙은 색상과 진한 풍미가 특징이다. 직경 3cm로 작게 만든 것을 ' Baby Gouda' 라고 한다.
영국	 체다(Cheddar)	영국을 대표하는 치즈로 양과 소젖을 혼합하여 제조한 경질 치즈이다. 누구가 좋아하는 부담 없는 부드러운 맛으로 흰색과 노란색이 있다. Red Wine, 호밀 빵과 잘 어울린다.
	 스틸톤(Stilton)	영국 Stilton 지방의 푸른 곰팡이 치즈로 지방이 많고 Cow's MilK로 만든 반경질 치즈로 숙성 기간이 긴 편이다. Sherry Wine과 잘 어울린다.

② 보관 방법

치즈는 냉장보관을 원칙으로 한다. 치즈는 숙성이 진행되는 살아 있는 식품이기 때문에 온도가 높아지면 곰팡이가 발생하며 풍미가 떨어지고, 냉동보관하면 치즈에 함유된 수분이 얼어 버려서 부서지게 된다. 냉장보관 시에도 온도나 습도가 일정하지 않으면 표면에 물방울이 생겨 곰팡이가 필 확률이 높아서 보관 시 주의해야 한다. 치즈의 잘려진 부분은 건조해지면 딱딱하게 변질되므로 특유의 수분함량이 유지될 수 있게 밀폐 용기나 방습 필름에 감싸서 공기가 닿지 않게 해야 한다.

③ 먹는 방법

치즈는 단맛의 요리가 나오기 전에 먹고, 생치즈를 제외한 대부분의 치즈는 상온에 1시간 정도 미리 꺼내어 두면 향과 맛을 제대로 즐길 수 있다. Natural Cheese는 제조 시 오랜 기간에 걸려 숙성되기 때문에 작은 조각으로 잘라 치즈의 내면이 공기와 접촉하여 맛과 향이 살아날 수 있게 한다. 치즈는 와인과 잘 어울리므로 좋아하는 와인에 치즈를 선택하여 즐기는 것도 좋은 방법이다.

(7) Dessert

디저트는 서양 정식의 마무리 단계로 입안을 개운하게 해 주는 달콤하고 부드러운 Fruit, Sweet Dish를 포함한다. 서양요리에서는 설탕과 전분을 거의 사용하지 않기 때문에 디저트는 후식과 간식을 겸하며, Sufflé(수플레), Pudding(푸딩) 등의 따뜻한 것과 Sherbet(셔벗), Ice Cream(아이스크림)과 같이 차가운 것으로 나눌 수 있다. 두 종류의 디저트를 모두 낼 때는 따뜻한 것부터 낸 다음 차가운 것을 내는 것을 순서로 한다.

▶ Fruits

▶ Tart

▶ Chocolate Sufflé

▶ Pudding

▶ Sherbet

▶ Ice Cream

(8) Beverage

식후 따뜻한 커피나 차로 입안을 깔끔하게 정리하고 소화를 돕도록 한다. 커피의 종류는 다양하지만 식사 후에 마시는 커피로는 진하고 양이 적은 Espresso가 적당하다. 따뜻한 차를 마실 때 우려낸 Tea Bag은 컵의 뒤쪽에 가로로 놓아두는 것이 매너이다.

▶ Espresso

▶ Tea

2 서양음료의 이해

음료란 사람이 마실 수 있는 모든 액체를 뜻하며, 알코올 함유의 유무에 따라 Alcoholic Beverage와 Non-Alcoholic Beverage로 구분한다.

1) Alcoholic Beverage

Alcoholic Beverage는 알코올을 포함한 음료를 뜻하며 우리가 흔히 술이라고 부르는 모든 종류의 음료가 이에 속한다. Alcoholic Beverage는 서양 정식요리 코스에 따른 음용 시점과 제조방법에 따라 나눌 수 있다.

(1) 음용 시점에 따른 분류

① 식전주(Aperitif)

Aperitif는 식욕을 자극하기 위해 식사 전에 제공되는 식전주이다. 주로 시큼하고 쓴맛이 나는 것이 특징이며 알코올 함량이 낮고 차가워 타액의 분비를 촉진시켜서 식욕을 증진시키는 역할을 한다. 종류로는 단맛이 적고 시원한 Champagne, Campari, Vermouth, Martini(Cocktail) 등이 있다.

▶ Champagne

▶ Campari

▶ Martini(Cocktail)

② 식중주

식중주는 식사와 함께 마시는 술을 말하며, 알코올 농도가 낮고 혀나 위에 자극을 주지 않는 와인, 맥주 등의 발효주가 적당하다. 식중주는 입맛을 새롭게 하고 소화를 돕기 때문에 요리의 맛을 더욱 좋게 하는 역할을 한다.

▶ 맥주

▶ 와인

③ 식후주

식후주(digestif)는 식사를 마친 후 소화를 돕기 위한 알코올음료로 주로 알코올 농도와 당도가 높은 술인 Cognac, Liqueur를 말한다. Liqueur는 증류수 Base로 각종 향료나 약초 등을 첨가한 것으로 알코올 농도가 높고 당도가 있어 식후주로 애용된다.

▶ Liqueur의 종류

(2) 제조법에 따른 분류

① 양조주

양조주(Fermented Liquor)는 가장 오래된 역사를 가진 술로 곡물이나 과일의 당분을 발효시켜 여과한 술을 말한다. 원료 자체에서 우러나오는 성분의 함량이 높은 편이며 알코올 함량은 3~20% 정도이다. 대표적인 서양 양조주로는 Wine, Beer, Champagne 등이며 우리나라의 막걸리, 청주 등이 이에 속한다.

가. Wine

와인은 유럽에서 '신이 내린 선물' 이라고 불릴 만큼 아름다운 색과 조화로운 맛과 향을 지닌 천연 과일 발효주이다. 발효과정을 통해 유기산, 무기질, 비타민 등 포도가 가진 영양분이 그대로 살아 있는 알칼리성 음료이다. 육식을 주로 하는 서양인들에게 와인은 육류의 산성 성분을 중화하는 역할을 하는 건강한 술이라 여겨져 서양인들의 식사 문화에 있어 없어서는 안될 중요한 가치를 지닌다. 알코올 도수가 10도 전후로 낮은 편으로 식사와 가장 잘 어울리는 술이다. 와인의 종류는 다양하며 색상, 제조법, 당도, 생산지에 따라 분류할 수 있다.

기준	분류	특성
색	White Wine	주로 청포도를 사용하며 껍질의 색소 추출 과정을 거치지 않는다. 포도를 으깨어 바로 압착한 뒤 발효하기 때문에 Red Wine에 비해 산뜻하고 가벼운 맛을 지닌다.
	Red Wine	적포도와 껍질, 씨에서 나온 주스를 3~8일 정도 발효한 후 적절한 색를 띄면 압착한다. Red Wine의 떫은 맛은 씨의 Tannin(탄닌)성분에서 나온다.
	Rosé Wine	적포도로 만들지만 껍질에 있는 색소가 적당히 착색되었을 때 분리하여 분홍빛 색을 띄고 있어 Pink Wine으로 불린다. Red와 White의 중간 성질을 가졌다고 볼 수 있는데 제조 방법은 Red Wine과 유사하지만 보존기간이 짧고 오래 숙성하지 않아 화이트 와인에 가깝다.

<table>
<tr><th>기준</th><th colspan="2">분류</th><th>특성</th></tr>
<tr><td rowspan="4">제조법</td><td colspan="2">Still Wine
(일반 와인)</td><td>일반적인 와인으로 순수한 자연 그대로의 포도 성분만을 양조한 것으로 발포성이 없는 대부분의 와인을 말한다.</td></tr>
<tr><td colspan="2">Sparkling Wine
(발포성 와인)</td><td>발효 시 발생되는 탄산가스를 그대로 함유시킨 발포성 와인으로 France의 Champagne이 가장 대표적이다.</td></tr>
<tr><td colspan="2">Fortified Wine
(강화 와인)</td><td>와인을 제조하는 과정에서 그 지역의 Brandy 등을 첨가하여 알코올 도수를 높인 것을 말한다. 대표적인 것으로 스페인의 Sherry, 포르투칼의 Port Wine 등이 있다.</td></tr>
<tr><td colspan="2">Aromatized Wine
(방향 와인)</td><td>독특한 향신료, 약초 등을 첨가하여 향미를 좋게 만든 것으로 프랑스의 Dry Vermouth, 이탈리아의 Sweet Vermouth 등이 대표적이다.</td></tr>
<tr><td rowspan="3">당도</td><td colspan="2">Dry Wine</td><td>양조 시 완전히 발효되어 당분이 거의 없어 식전주나 테이블와인으로 즐긴다.</td></tr>
<tr><td colspan="2">Medium Dry Wine</td><td>단맛이 약간 있는 와인으로 Dry와 Sweet의 중간단계이다.</td></tr>
<tr><td colspan="2">Sweet Wine</td><td>양조 시 완전히 발효하지 않고 당분이 남아 있는 상태에서 중지한 것과 당분을 첨가하여 만든 것이 있다. 단맛이 많이 나기 때문에 디저트 와인으로 애용한다.</td></tr>
<tr><td rowspan="5">생산지</td><td rowspan="5">프랑스</td><td>Bordeaux
(보르도)</td><td>세계 최대 규모의 와인 생산지로 가장 우수한 품질의 Red Wine을 생산한다. 특히 고급 와인인 Château(샤토) Wine이 유명하다.</td></tr>
<tr><td>Bourgogne
(부르고뉴)</td><td>보르도와 함께 프랑스 와인의 대표적 명산지로 영어로는 Burgundy(버건디)로 불린다. Chablis(샤블리)지방의 White Wine은 연한 황록색으로 향이 좋고 Dry한 맛을 지녀 매우 유명하다.</td></tr>
<tr><td>Alsace
(알자스)</td><td>11~12%로 완전 발효시킨 Dry White Wine 생산지로 유명하며 독일과 비슷한 포도 품종을 재배한다. 목이 가늘고 긴 병을 사용한다.</td></tr>
<tr><td>Rhône(론)</td><td>이탈리아와 비슷한 스타일의 Red Wine을 생산하며 프랑스 다른 지역에 비해 알코올 함량이 높아 고전적이고 중후한 레드와인 애호가들이 즐긴다.</td></tr>
<tr><td>Loire(루아르)</td><td>Wite Wine 생산지로 타지방에 비해 가격이 저렴하여 대중적 인기가 있다. 재배 품종은 Sauvignon Blanc(쇼비뇽 블랑)이다.</td></tr>
</table>

기준	분류		특성
		Champagne (샹파뉴)	Sparkling Wine인 Champagne(샴페인)의 생산지로 유명하다. 샴페인은 샹파뉴 지역에서 생산되는 제품만을 말한다.
	이탈리아	Chianti(키안티)	이탈리아 와인은 대체로 무겁고 강하며 부드러우면서 미묘한 맛을 지닌 개성 강한 포도주이며 유명한 생산지인 Toscana(토스카나) 지방의 와인이다.
	스페인	Sherry Wine	세계 3번째 와인 생산국으로 대부분 Table Wine이지만 남쪽 안달루시아에서는 Brandy를 첨가한 식전주인 셰리와인을 생산한다.
	포르투칼	Port Wine	포르투칼은 이탈리아와 스페인과 마찬가지로 주로 Red Wine을 생산한다. 특이한 맛의 Rosé Wine을 비롯해 대표적인 Dessert Wine으로 약간 달고 중후한 맛이 나는 Port Wine이 유명하다.
	미국	California	California는 이상적인 기후조건을 바탕으로 미국의 풍부한 자본과 기술을 적용하여 최근 세계적인 품질의 와인을 생산하고 있다. 생산지로는 Napa Valley와 Sonoma County가 유명하다.

Wine Label 읽는 방법을 알아볼까요?

▶ 미국 라벨

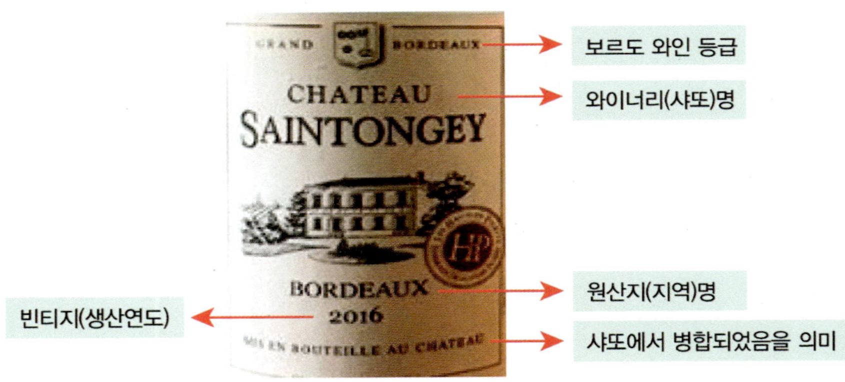

▶ 프랑스 라벨

와인에 대해 더 알아볼까요?

와인은 어떻게 보관할까?

- 와인은 숨 쉬는 생명체와 같기 때문에 보관 방법에 따라 그 가치가 달라진다. 와인의 산화를 방지하기 위해 빛, 높은 온도, 진동을 피하고 눕힌 상태에서 보관하여 공기와의 접촉을 최소화하도록 한다.

와인 Breathing이란?

- 와인은 제조과정 중 오랜 숙성기간을 거치면서 병 속에 거친 맛을 그대로 담게 되므로 마시기 전에 병을 미리 오픈하여 공기 중의 산소와 접촉하게 해 주면 향미가 더 좋아지고 맛이 순환되는 효과가 있다. 이러한 과정을 Breathing이라고 한다.

와인 서비스 적정 온도는?

- 화이트 와인은 차게, 레드 와인은 상온에서 서비스한다.
- 와인의 종류에 따라 서비스 적정 온도는 차이가 있다.
  → Sparkling Wine: 4~6℃
  → White Wine: 6~8℃
  → Red Wine(Young and Sweet): 8~12℃
  → Red Wine(Old and Dry): 16~12℃

와인 Tasting이란?

- 와인의 가치는 특유의 맛과 향에 따라 결정된다. 와인을 마시기 전에 맛과 향을 시음하는 절차인 Tasting을 통해 선택한다.
- 와인 Tasting을 권유 할 때는 선택한 와인 라벨은 먼저 보인 후 Glass의 1/3정도를 따라 시음하게 한다. 만족 여부 확인 후 Glass

의 2/3정도 따른다.

- 와인 Tasting을 할 때는 와인이 1/3정도 채워진 Glass를 조금 들어서 빛깔과 투명도를 감상한 후 잔을 살짝 흔들어 향을 느낀다. 한 모금을 입안에서 굴린 다음 넘긴다.

나. Beer

맥주(Beer)의 어원은 '곡물'을 뜻하는 영어의 고어 'Beor(베오레)'와 '마시다'를 뜻하는 라틴어 'Bibere(비베르)'에서 기원했다. 6000년 전 바빌로니아인들에 의해 만들어진 발효주로 19세기 북유럽에서 호프(Hop)라는 식물을 이용해 맥주의 발효를 증진시키는 기술을 개발하면서부터 전 세계적으로 퍼지게 되었다.

맥주는 알코올 함양이 4~6도로 낮은 편이며 부드러운 거품과 탄산가스의 청량감을 매력으로 물과 차 다음으로 세계에서 3번째로 많이 마시는 음료로 대중적인 인기가 높다. 맥주의 청량감을 제대로 즐기기 위해서는 6~8도 정도의 온도로 차게 해서 마시는 것이 좋다. 맥주의 거품은 탄산가스 유출을 방지하고 신선한 맛을 유지해 주는 역할을 하므로 거품과 함께 마신다.

- Draft Beer
  신선한 맛이 특징인 생맥주로 살균을 하지 않은 상태이므로 저온 운반 및 저장이 필수이며 빨리 소비해야 한다.

- Lager Beer
  일반적인 병맥주로 오래 저장 할 수 있는 향이 좋은 맥주이다. 제조 후 저온 살균하여 효모의 활동을 중지시킨 후 병이나 캔에 오래 저장할 수 있게 만들었다.

- Stout Beer

  색이 검고 탄 냄새가 나는 강한 맥아 향이 특징인 흑맥주이다. 알코올 함량이 8~1도로 높은 편이다.

② 증류주(Distilled Liquor)

증류는 알코올과 물의 끓는 점 차이를 이용하여 고농도 알코올을 얻어 내는 과정을 말한다. 양조주를 서서히 가열하면 끓는점이 낮은 알코올이 먼저 증발하고, 증발한 기체를 모아 적절한 방법으로 냉각키면 고농도의 알코올 액체를 얻을 수 있다. 증류주의 종류로는 Whisky, Brandy, Gin, Rum, Vodka, 소주, 고량주, 사케 등이 있다.

가. Whisky

곡물(보리, 옥수수, 호밀, 귀리 등)을 주원료로 발효시켜 증류하여 숙성의 과정을 거쳐 만든 대표적인 증류주이다. 오크(Oak)통에서 2년 이상 저장하여 숙성되는 동안 향미, 향취, 품격 등이 형성된다. 생산지에 따라 고유의 풍미와 특성을 가지고 있어서 각 나라별 다양한 위스키가 제조되어지고 있다. 위스키는 제조법만 익히면 어디서든 만들 수 있지만 가장 높은 평가를 받기 위해서는 풍토의 영향을 많이 받는다. 스코틀랜드, 아일랜드, 미국, 캐나다는 위스키 생산에 적합한 환경을 가진 대표적인 생산지로 꼽힌다.

분류		특성
Scotch Whisky	Malt Whisky	맥아만을 사용해서 만든 가장 순수한 위스키이며, Peat라는 석탄을 태워 그 연기와 열풍으로 건조시켰기 때문에 강한 연기냄새가 나는 것이 특징이다. '맥아 제조→맥아 건조→당화 및 발효→증류→숙성'의 제조 과정을 거친다. • Glenfiddich
	Grain Whisky	주로 옥수수 등 곡물을 주원료로 하며 소량의 맥아를 첨가하여 당화시킨 것을 발효하여 증류시킨 것이다. 향과 맛이 거의 없는데 주로 Malt Whiskey와 혼합하여 Blended Whisky를 만드는 데 사용되기 때문이다. 단독으로 판매되는 경우는 드물다.
	Blended Whisky	풍미가 독특한 Malt Whisky가 Grain Whisky와 Blending 되면 부드러운 맛을 내게 된다. 배합 비율에 따라 맛이 다양하며 우리가 마시는 대부분이 여기에 속한다. • Chivas Regal, Jonnie Walker(Blue), White Horse, Ballantines
Irish Whisky		보리, 맥주를 주원료하는 아일랜드에서 제조되는 위스키이다. 맥아 건조 과정에서 무연탄으로 건조되어 Smoky한 특유의 향이 없어 맥아의 구수한 향을 그대로 느낄 수 있다. 증류한 위스키를 세리통에 7년 정도 숙성하며 무겁고 진한 맛을 지닌 전통적인 위스키이다.
American Whisky	Bourbon Whisky	켄터키 주 Bourbon 지방의 옥수수를 주원료로 만든 것으로, 옥수수 함량이 51% 이상인 것이 Bourbon Whisky로 정의한다. • Jim Beam, Wild Turkey
	Tennessee Whisky	원료는 Bourbon Whisky와 동일하나 Tennessee지방에서 생산되는 목탄으로 여과하는 특수한 공정(Charcoal Mellowing)을 거쳐 독특한 향과 매끄러운 풍미를 지닌다. • Jack Daniel
Canadian Whisky		향미가 강한 호밀을 주재료로 한 위스키와 깨끗한 맛의 옥수수로 만든 위스키를 섞어 특유의 부드럽고 경쾌한 위스키를 만들어 낸다. 부드러운 맛이 특징이다. • Crown Royal, Canadian Club, Seagram's,

On the Rocks or Straight?

Whiskey를 마실 때는 얼음을 넣어(On the Rocks) 희석시켜 마시거나 원액 그대로(Straight) 즐기기도 한다.

Blended Whiskey는 On the Rocks로, Malt Whiskey는 Straight로 애용된다.

나. Brandy

브랜디는 와인을 증류한 술로 식후주로 애용되고 있다. 발효가 끝난 와인을 증류하여 50%~70% 정도의 알코올을 가진 액체를 만든 다음 Oak통에 넣어 숙성기간을 거친다. 이 과정에서 나무통의 타닌 성분이 색을 짙게 만들고 브랜디 고유의 향을 형성한다. 숙성기간이 길수록 품질이 우수하며 숙성이 끝나면 회사 고유의 맛을 지속시키기 위해서 브랜디를 Blending 하여 새롭게 만들어 낸다.

프랑스의 Cognac(꼬냑)지방에서 생산되는 브랜디만을 Cognac이라고 부른다. 일반적으로 브랜디는 Label에 숙성기간을 표기하지만 의무 규정이 아니므로 최소 숙성기간만 만족시키면 관계 없다. 그러나 Cognac의 경우에는 숙성기간에 따라 등급을 정해 놓고 상표에 표시해 두는데 등급에 따라 가격 차이가 많이 난다.

Cognac의 등급과 숙성기간

등급	숙성기간(year)
Napoléon	특제품의 의미
X.O(Extra Old)	30~50
V.S.O.P(Very Superior Old Pale)	15~20
V.S.O(Very Superior Old)	12~15
V.O(Very Old)	3~5
★★★(Three Stars)	3

다. Vodka

보드카는 러시아의 국민주로 곡물이 주재료이며 증류 후 활성탄에 여과한 증류주이다. 무색, 무미, 무취한 특징으로 어떠한 종류의 술과도 잘 어울리기 때문에 Cocktail Base로 애용된다. 전통적 음용 방식은 맛이 강한 Appetizer와 함께 Freezing 시켜 소량(1oz)으로 즐기는 것이다. 대표적인 브랜드로는 Smirnoff, Absolut 등이 세계적인 사랑을 받고 있다.

라. Gin

진은 위키스나 브랜디와 같은 증류수인 동시에 혼성주이다. 증류수에 Juniper Berry(노간주나무 열매)의 향미를 추출, 혼합하여 제조된 것으로 숙성과정 없이 제조 후 반 시간 뒤 바로 마실 수 있다. 초기에는 약용으로 사용되었으나 산뜻한 향으로 인해 점차 기호식품으로 발전하였으며 각종 칵테일 원료로 애용되고 있다. 진은 향미가 강하고 묵직한 Dutch Gin과 향미가 약하고 맛이 부드러운 Dry Gin으로 구분하며 그중 London Dry Gin이 가장 유명하다.

마. Rum

럼은 사탕수수에서 얻은 당밀을 원료로 하여 만든 증류수이다. 생산지에 따라 밝은 색이 나며 향미의 정도도 약한 것에서부터 강한 것까지 다양하다. 럼은 특유의 향미를 즐기며 Straight로 즐기기도 하고 다른 재료와 쉽게 섞이는 특성 때문에 다양한 Cocktail로 즐길 수 있다. 대표적인 브랜드는 Bacardi이다.

③ 혼성주

혼성주(Compounded Liquor)는 양조주나 증류주에 약초나 향료, 과실류 등을 혼합하여 그 향기를 술에 옮기고 당분을 첨가한 것을 말한다. 종류로는 Liqueur, Cocktail 등이 있다.

가. Liqueur

Liqueur는 혼성주의 일종으로 증류주를 서로 섞어 재증류하여 여러 가지 약초, 씨앗, 꽃 등을 용해하여 향미가 나도록 한 것이다. 주로 Cocktail의 재료로 사용되며, 알코올 성분이 강하고 단맛이 있어 식후주로 애용된다.

- Ciontreau(쿠앵뜨로)
  고급 Brandy에 Orange Essence를 섞어 만든 것으로 상큼하고 진한 오렌지 향을 느낄 수 있다.

- Grand Marnier(그랑 마니에르)
  4년 숙성된 Cognac에 Haiti산 Orange 껍질과 여러 가지 약초를 혼합해 Oak통에서 숙성시켜 깊고 묵직한 오렌지 맛과 향을 가지고 있다.

- Drambuie(드람브이)
  '사람를 만족시키는 음료'라는 뜻을 가진 Drambuie는 Scotch Whisky에 벌꿀, 약초 등을 첨가해 만든다.

• Baileys(베일리스)

Irish Whisky와 Cream de Cacao를 혼합한 달콤하고 부드러운 맛을 지닌 세계 판매량 1위의 리큐어이다. Straight로 마시기도 하며 얼음을 넣어 On the Rock으로도 마신다.

나. Cocktail

칵테일은 두 가지 이상의 음료를 섞어 마시는 알코올음료이다. 알코올 도수가 낮아 식욕을 증진시켜 주는 식전주로 활용된다. 칵테일은 혼합되는 재료에 따라 맛, 향기, 색채가 다채로운 하나의 예술품이라고도 할 수 있다.

칵테일의 구성 요소

In-Flight Cocktail Service에 대해 알아볼까요?

How to Make a Cocktail

- Glass(Plastic Cup)에 얼음을 2~3조각 넣는다.
- Base를 1/3정도 채운다.
- Mixer를 8부까지 채운다.
- Muddler를 꽂는다.
- Garnish로 장식한다.

How to Serve Cocktails

- 칵테일은 만든 즉시 서비스하는 것이 원칙이다.
- 냅킨과 Nuts를 함께 제공한다.
- 얼음을 넣은 칵테일은 Muddler를 꽂아 준다.
- 서비스 후에는 맛이 어떤지 물어보고 강할 경우에는 Mixer를 더 넣고 약하다고 할 경우에는 Base를 더 첨가하여 조절할 수 있다.
- 승객이 원하는 칵테일이 없을 경우 Recipe를 물어본 후 가능한 경우 만들어 주고, 재료가 없어 불가능할 경우에는 다른 칵테일을 권유한다.

Cocktail Recipe

① Whisky Base

Name	Ice	Base	Mixer	Garnish
Whisky Sour	x	Blended 1oz	Lemon/J 0.3oz	Lemon Slice, Cherry
Jack & Coke	o	Jack Daniel's 1oz	Coke	x
Manhattan	o	Bourbon 1oz	Sweet Vermouth	Cherry
Scotch Soda	o	Scotch 1oz	Soda Water	x

- Scotch Soda와 Jack & Coke은 Stir 한다.
- Whisky Sour는 Sugar 1ts을 넣고 잘 저은 다음 얼음을 넣게 차게 하여 W/G에 Strain한다.

② Gin Base

Name	Ice	Base	Mixer	Garnish
Gin Tonic	o	Gin 1oz	Tonic Water	Lemon Slice
Gin Fizz	o	Gin 1oz	Lemon/J 0.3oz Soda Water	Lemon Slice
Orange Blossom	x	Gin 1.5oz	Orange/J 1.5oz	x
Tom Collins	o	Gin 1.5oz	Lemon/J 0.3oz	Lemon Slice, Cherry
Martini	o/x	Gin 1.5oz	Dry Vermouth 0.7oz	Olive

- Gin Tonic은 Stir 한다.
- Gin Fizz는 Sugar 1ts을 넣고 잘 저은 다음 얼음을 넣고 차게 하여 Strain한 다음 소다수를 채운다.

③ Vodka Base

Name	Ice	Base	Mixer	Garnish
Vodka Tonic	o	Vodka 1oz	Tonic Water	x
Bloody Mary	o	Vodka 1oz	Bloody Mary Mix	Lemon Slice
Screw Driver	o	Vodka 1oz	Orange/J	Orange Slice

- Vodka Tonic, Screw Driver는 Stir 한다.
- Bloody Mary Mix(Tomato/J+Worcestershire Sauce+Hot Sauce+Salt+Pepper)를 Stir 한다.

④ Champagne Base

Name	Ice	Base	Mixer	Garnish
Mimosa	x	Champagne	Orange/J Cointreau	Orange Slice
Kir Royal	x	Champagne	Cream De Cassis	x
Buck Fizz	x	Champagne2oz	Orange/J 2oz	Orange Slice

- Mimosa는 Orange/J와 샴페인을 3:7의 비율로 채운 후 Cointreau를 1ts 넣어 충분히 젓는다.
- Kir Royal은 Cream De Cassis와 샴페인을 1:8의 비율로 채운다.
- Buck Fizz는 Orange/J와 샴페인을 5:5의 배율로 채운다.

2) Non-Alcoholic Beverage

Non-Alcoholic Beverage(비 알코올음료)는 물, 커피, 차, 우유, 주스, 탄산음료 등 알코올이 포함되지 않은 모든 음료를 말한다. 음료의 역사를 살펴보면 17세기 전까지는 자연 그대로의 탄산수를 즐겨 왔으나 17세기 들어서서 탄산수에 꿀이나 레몬은 첨가해 마시는 것을 시작으로 점점 다양한 음료로 발전하였다. Non-Alcoholic Beverage의 종류는 이산화탄소가 함유된 탄산음료(Soft Dink), 여러 가지 영양분을 공급해 주는 주스와 우유 종류, 카페인이 함유되어 있는 커피와 차 등으로 구분할 수 있다.

(1) Soft Dink

탄산음료는 천연 광천수에 탄산가스를 주입하고 천연 또는 인공 감미료를 함유시킨 것과 천연과즙에 탄산가스를 함유시킨 것이 있다. Coke, Sprite, 7up, Soda Water, Tonic Water, Ginger Ale 등은 대표적인 탄산음료이다.

(2) Juice & Milk

각종 과일이나 야채를 원료로 하는 주스와 칼슘이 풍부한 우유는 건강에 도움이 되는 성분들이 함유되어 있어 영양음료(Nutritious Drink)로 분류된다.

(3) Coffee & Tea

식전이나 식후에 즐겨 마시는 커피와 차는 영양보다는 맛과 향으로 현대인들의 삶에 여유를 주는 기호음료(Favorite Drink)로의 의미가 있다. 커피의 카페인은 장의 활동에 자극을 주기 때문에 식사 후 마지막에 즐기기에 적합하다. 다양한 차 종류 중에서 홍차, 우롱차, 허브차, 녹차 등이 대표적이며 노화방지, 항암효과의 효능이 있다고 알려져 있다.

3 기내식의 이해

기내식은 항공사에서 비행 중 승객에게 제공하는 식사를 말한다. 기내식 서비스는 다양한 기내서비스에 중에서 가장 주된 서비스로, 다른 서비스에 비해 종류가 다양하고 선택의 폭이 넓은 편이다. 또 항공사만의 특성을 잘 나타내는 서비스이기도 하다.

처음 기내식이 선보인 것은 1919년 파리와 런던 정기 항공 노선에서 간단한 샌드위치, 과일, 초콜릿 등을 담은 박스를 제공하면서였다. 이후 항공 산업의 발달로 항공사 간의 경쟁이 점차 치열해지면서 기내식은 고객 유치 전략의 한 방법으로 다양하게 발전해 왔다.

1) 기내식의 특징

기내식은 기내라는 제한적이고 좁은 공간이라는 항공기의 특성에 맞춰 소화가 잘되고 흡수되기 쉬운 저칼로리 식단으로 구성된다. 또한 좁은 테이블에 맞춰 놓을 수 있도록 제작된 식기를 사용한다. 기내식은 주로 서양식을 기본으로 항공사와 운항 노선의 특성에 따라 한식, 중식, 일식 및 기타 현지 메뉴를 제공한다. 메뉴의 내용은 비행시간 및 객실 등급에 따라 차이가 있으며, 개인의 기호와 유아를 위한 특별식(Special Meal)이 다양하게 준비되어 있다.

▶ 기내식 Entrée

▶ 상위 Class의 기내식

2) 기내식의 구분

기내식 제공의 기준은 서비스 시간, 노선에 따라 다르며 항공사별 정책에 따라 약간의 차이가 있다. 항공사별 정해진 기준에 따라 기내식 서비스를 구분할 수 있다.

(1) 시간대별 Meal type

Serving Time	Meal Type	Code	
		KE	OZ
04:00~09:00	Breakfast	BRF	BT
09:00~11:00	Brunch	BRCH	BH
11:00~14:00	Lunch	LCH	LH
17:00~22:00	Dinner	DNR	DR
22:00~00:00	Supper	SPR	SR
14:00~18:00 24:00~04:00	Snack Refreshment	SNX	SK

(2) 노선 구분에 따른 Meal 제공

노선	비행시간	식사 서비스 횟수
단거리	4시간 미만	1회
중거리	4시간 이상 8시간 미만	1회 + Snack
장거리	8시간 이상	2회 + Snack

(3) 구간별 Meal 형태

형태	탑재 노선 및 특징
Cold Meal	짧은 비행시간의 일부 단거리 노선에 탑재한다.
Hot Meal	1~3가지 종류의 기본적인 식사이다.
일본식 도시락	특정 일본 노선에 탑재되는 Cold Meal이다.
한식	중거리 특정 노선과 장거리 전 구간에 탑재한다.
Sandwich	Movie Snack, Light Snack으로 구성되며 Napkin, 음료와 함께 제공한다.

3) 특별식

특별식(Special Meal, SPML)은 승객의 사정에 의해 특별히 사전에 예약하여 주문할 수 있는 기내식을 말한다. 일반적으로 기내식은 기내라는 제한적 시간과 공간의 특수성 때문에 보편적인 선호도에 의한 메뉴로 식사를 구성한다. 하지만 건강상의 이유나 종교에 의해 일반식을 먹지 못하는 경우, 개인의 상황에 의해 요구되어지는 경우, 성인 음식을 먹지 못하는 영유아의 경우에는 Special Meal을 제공하여 승객의 식사 선택에 대한 편의를 높인다. Special Meal을 사전에 주문할 경우에는 항공기 출발 24시간 전까지 주문하면 기내에서 받아 볼 수 있다.

(1) 영유아 및 아동식

종류	특징
Infant Meal(IFML)	생후 12개월까지의 영아를 위한 것으로 액상 분유 및 주스를 제공한다.
Baby Meal(BBML)	12~24개월까지의 유아를 위한 것으로 아기용 주스 및 퓨레(Puree)[1] 상태로 제조된 Ready Made 이유식을 제공한다.
Infant Child Meal(ICML)	24개월 미만의 유아를 위한 식사로 CHML과 동일한 구성이다.
Child Meal(CHML)	만 2세 이상~만 12세 미만의 소아 및 어린이를 위한 식사이다. 어린이들이 선호하는 햄버거, 스파게티, 함박스테이크, 오므라이스&치킨너겟 등으로 구성되어 있으며 항공사별로 메뉴에 차이가 있다.

1) 퓨레(Puree): 채소나 과일 등을 으깨 걸쭉하게 만든 것을 말한다.

(2) 종교식

종류	특징
Kosher Meal(KSML)	유대교 승객을 위한 유대교 율법에 따라 고유의 전통의식을 치른 후 만들어진 완제품으로 항상 밀봉된 상태에서 SVC되어야 하며, 기물의 재사용이 금지되어 있어 Disposable 용기를 사용한다. 금지 식재료는 돼지고기가 포함된 모든 음식, 조개류, 갑각류, 비늘과 지느러미가 없는 생선이며 서비스 시 주의 사항은 다음과 같다. • Meal CHK 시 탑재 여부를 확인한다. • 각 Item의 포장을 절대 뜯어서는 안 되며 먼저 승객의 주문 여부를 확인한다. • Box를 보여 주고 승객이 직접 열도록 한다. • Galley에서 Heating 후 Box채 제공한다.
Moslem Meal(MOML)	이슬람교을 믿는 무슬림을 위한 식사로 알코올, 돼지고기, 햄, 베이컨, 젤라틴 또는 돼지고기 부산물이 포함되지 않은 식사를 제공한다. 쇠고기, 양고기, 가금류 등은 회교율법에 따라 준비된 재료를 사용한다.
Hindu Meal(HNML)	비 채식 인도식 식사로 양고기, 가금류, 해산물과 생선류를 사용한다. 소고기, 송아지, 돼지고기 및 관련 식품을 금기한다.
Vegetarian Meal(VGML)	유제품을 제한적으로 사용한 채식 요리로 불교 승려를 포함한 아시아, 힌두교 채식 주의자를 대상으로 서비스된다. 음식 제조 시 설탕을 첨가하지 않는다. 종교와 관계없이 개인의 기호에 따라 채식을 선택할 수 있다.

(3) 식사 조절식

종류	특징
Low Fat Meal(LFML)	1일 지방 섭취량을 30g 미만으로 제한한 식사로 심장질환, 동맥경화, 비만증 환자에게 제공된다. 기름기가 없거나 제거한 저지방 육류나 생선을 사용하며 끓이거나 구워서 조리한다.
Low Calorie Meal(LCML)	체중조절을 위한 열량을 제한한 식사로 고섬유질, 저지방 육류와 유제품, 야채, 과일로 구성된 식사이다.
Bland Meal(BLML)	위장장애나 수술 후 회복기에 있는 환자에게 제공되는 식사로 자극성 향신료를 첨가하지 않고 부드럽게 조리하여 만든다.
Low Sodium Meal(LSML)	간장 및 소금 등의 식재료 사용을 제한한 염분 조절 식사로 고혈압 환자, 간질환, 신장병이 있는 승객을 위해 제공한다.

종류	특징
Diabetic Meal(DBML)	당이 포함된 설탕, 꿀 등의 사용이 금지된 당뇨병 환자를 위한 식사로 고섬유질 식재료를 이용하고 저지방 유제품을 사용한다.
Gluten-Free Meal(GFML)	글루텐 민감한 승객을 위한 식사로 식재료 내의 글루텐 함유를 엄격히 제한하여 밀, 보리, 귀리 등을 사용하지 않고 쌀, 고구마, 감자, 콩 등을 사용한다.
No Loctose Meal(NLML)	유당분해효소의 결핍으로 섭취 시 소화에 이상이 있는 승객을 위한 식사로 유당을 함유한 모든 형태의 유제품을 제한한다. 우유나 크림 대신 두유, 코코넛 우유를 사용한다.
Vegan Vegetarian Meal (VGML)	엄격한 서양채식으로 생선류, 가금류를 포함한 모든 육류와 동물성 지방, 젤라틴, 계란 및 유제품을 금지한다. 과일, 야채, 곡물, 견과류 위주로 구성하며 음식 제조 설탕을 첨가하지 않는다.
Lacto-Ovo Vegetarian Meal(VLML)	VGML과 유사한 서양채식이지만 계란 및 유제품의 사용이 가능하다.
Vegetarian Oriental Meal (VOML)	중국식으로 준비된 동양식 채식주의 식사이다.

(4) 기타 특별식

종류	특징
Fruit Platter Meal(FPML)	첨가제나 방부제가 없는 식사를 원하는 승객을 위해 신선한 과일로만 구성된 식사이다.
Seafood Meal(SFML)	해산물을 선호하는 승객을 위한 식사로 곡류, 야채류, 과일류와 함께 제공된다.

▶ Vegan Vegetarian Mea(VGML)

▶ VOML Sandwich

How to Serve SPML

❶ 비행 전 Meal CHK 시 탑재 여부를 확인한다. SPML의 종류, 수량을 확인한다. (Entrée & Tray, 1st & 2nd Meal, Movie Snack)

❷ SHR 상의 좌석 번호, 이름을 확인 후 승객의 주문여부를 물은 후 탑재 여부를 안내한다.

❸ SPML의 주문이 많을 경우에는 서비스의 혼란을 방지하고 정확한 식사 전달을 위해 SPML Tag을 승객의 좌석에 부착한다. 이때 SPML Tag은 다른 승객들의 눈에 잘 띄지 않는 위치에 부착하도록 한다.

❹ 다른 식사와 함께 Heating한다. 단, KSML의 경우 Heating 전 반드시 승객이 직접 Meal Box를 Open할 수 있도록 한 후 Heating한다.

❺ 일반 승객의 식사와 함께 SVC 하지만, 객실 팀장의 판단에 따라 다른 승객보다 먼저 제공 가능하다.

❻ BBML, TDML, CHML은 승객이 원하는 시점을 먼저 물어본 후 서비스한다.

SPML 탑재 누락 시 대처법

❶ 예약했음에도 누락이 된 경우 먼저 승객에게 진심으로 사과한 후 의향을 물어 가능한 해당 SPML과 가장 유사한 대체 Meal을 제공하는 등 후속조취를 취한다.

❷ 당일 탑재된 기내식을 활용하거나 상위 Class의 도움을 받아 최대한 승객이 원하는 식사로 맞추어 줄 수 있도록 한다.

❸ 객실 팀장은 SPML Application Form을 직접 작성하여 승객과 상호 확인 후 관련 내용을 보고하여 해당 승객의 다음 항공편에서 SPML을 받아 볼 수 있도록 한다.

❹ SPML 주문기록은 없으나 SPML을 요청하는 경우에도 당일 탑재된 기내식을 활용하여 승객의 요구를 들어줄 수 있도록 최선을 다한다.

Chapter 05. 기내서비스 실무

CHAPTER

05 기내서비스 실무

1 비행 전 준비 업무

객실승무원은 항공기 탑승 전 출근, Show-up, Appearance Check, 객실 브리핑, 합동 브리핑 등의 비행 준비 절차를 통해 완벽한 비행을 준비해야 한다. 특히 국제선 비행을 준비할 때는 해당 Station 정보, 서비스 순서와 기내식 정보, 승객 정보 등을 미리 파악해야 한다.

1) 출근 준비

객실승무원은 회사 규정에 따른 복장과 용모를 갖추고 정해진 시간에 출근해야 한다. 계절에 따른 기후 변화와 시간에 따른 교통 혼잡을 예상하여 여유 있게 준비하는 것이 바람직하다. 해외 체류를 해야 하는 비행을 준비할 때에는 목적지 날씨와 일정에 맞게 개인 여행 용품을 준비하도록 한다.

승무원 필수 휴대품

- 여권
- ID Card
- 승무원 등록증
- 서비스 매뉴얼
- 객실승무원 업무교범
- 기내방송문
- 앞치마(여), 조끼(남)
- 기내화(여)
- 필기구 및 비행노트
- 시계
- 출입국 및 기타 비행에 필요한 서류
- 비행 일정에 따른 개인 여행 용품

2) Show-Up

Show-Up은 객실승무원이 출근 후 최초로 수행하는 임무로써 완벽한 비행준비를 마친 후 직접 Crew Show-Up 시스템에 입력하는 것을 말한다. Show-Up 시스템은 브리핑 한 시간 전에 접속이 가능하며, 전 승무원은 Show-Up 전에 비행에 관련된 모든 업무를 마쳐야 한다.

Show-Up 시간과 방식은 항공사마다 차이가 있지만, 정해진 시간보다 30분~1시간 일찍 출근하여 여유 있게 준비하는 것이 바람직하다.

▶ Show-Up 장소(아시아나 항공 본사 전경)

3) 브리핑(Briefing) 준비

객실 브리핑 참석 전 비행에 필요한 정보들을 미리 준비해야 한다. 회사 시스템에 접속하여 최근 업데이트 된 공지사항 및 비행 정보 등을 확인한다. 또한 매뉴얼과 여권 및 ID Card의 소지여부를 재확인하도록 한다.

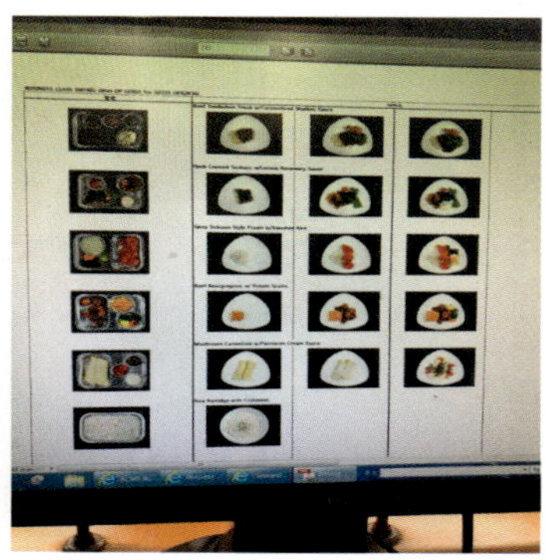

▶ 기내식 등 비행 정보 확인

4) 용모와 복장 점검(Appearance Check)

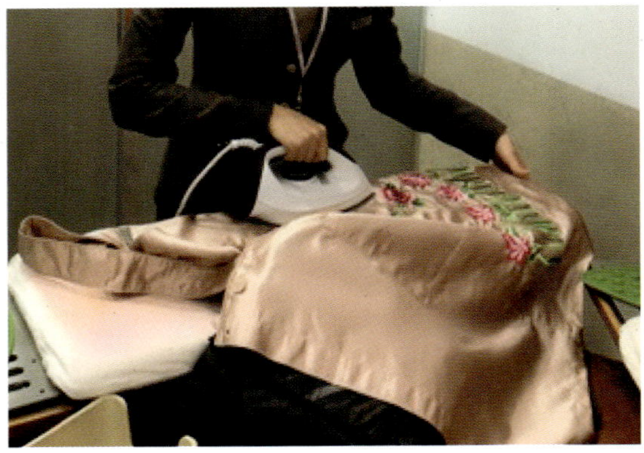

객실승무원은 출근 전 자택에서 용모 복장을 갖추고 오지만, 객실 브리핑에 참여하기 전 다시 한 번 자신의 상태를 재확인할 필요가 있다. 메이크업, 헤어스타일, 네일 상태를 비롯해 유니폼과 구두의 청결 상태를 점검한다. 또 앞치마는 구김이 가지 않았는지 확인하여 필요한 경우 다림질을 하고, 국제선 장거리 비행의 경우에는 여분의 유니폼과 앞치마, 스타킹 등을 준비하여 만약의 상황을 대비한다. 또한 명찰이 정확한 위치에 부착되어 있는지 확인한다. 비행 중에도 단정하고 청결한 용모 복장을 유지하기 위하여 수시로 점검할 필요가 있다.

5) 객실 브리핑

객실 브리핑(Cabin Briefing)은 객실 팀장의 주관 하에 이루어지는 출근 후 첫 공식 업무이다. Show-Up을 완료한 승무원은 지정된 장소(Briefing Room)에 모여 해당 비행편에 관한 전반적인 정보를 공유하는 객실 브리핑에 반드시 참석하여야만 한다. 각 승무원은 Station, 비행, 서비스 관련 최근 공지사항과 정보 등을 개인적으로 숙지하고, 사전 배정된 Duty Code에 따른 본인의 업무를 정확히 파악하고 준비한 상태여야 한다. 특히 Safety에 관련된 사항은 항상 철저하게 업데이트하여 Random Check에 대비하여야 한다. 객실 브리핑은 서로 처음 보는 승무원들이 정보공유와 동기부여를 통해 최상의 팀워크를 발휘할 수 있게 하는 첫 단계이므로 준비된 자세와 긍정적인 태도를 가지고 참석하는 것이 바람직하다. 또한, 메모지와 펜을 준비하여 노선별 특성에 관한 Tip 등을 메모하여 세심한 서비스를 할 수 있도록 한다.

▶ Cabin Briefing Room

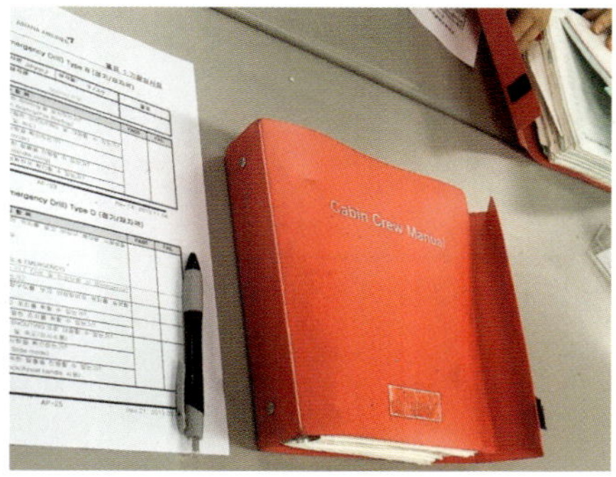

▶ Cabin Briefing 준비

객실 브리핑 순서와 내용

객실 브리핑 순서	객실 브리핑 내용
비행 준비사항 점검	• Crew List & Duty 확인 • 용모와 복장 점검 • 여권 및 ID Card 소지 여부 확인 • 비행에 필요한 서류 작성 및 확인
Flight Information	• 항공기 기종 및 HL Number, ETD, ETA, Gate • 탑승객 예약사항(VIP, CIP, SPML, Special Care Pax) • 목적지 공항 관련 정보와 특이사항 • CIQ 관련 사항
Safety Information	• 해당 기종의 비상장비와 Slide 변경절차 확인 • 비상 절차 관련 • 안전 및 보안에 관한 지시 사항
Service Plan	• 기내서비스 순서 • Class별 기내식 종류와 비율 • IFE System • 기내면세품 판매 관련 사항 • 최근 공지사항 및 서비스 Tip

객실 브리핑 시간

출발지	국내선		국제선	
	장소	시간	장소	시간
GMP	공항 브리핑실	1시간 전	사내 브리핑실	1시간 40분 전
ICN	사내 브리핑실	1시간 50분 전	사내 브리핑실	2시간 10분 전
기타	Ship Side	50분 전	Ship Side	1시간 10분 전

* 본 예시는 A항공사 기준이며 브리핑 시간은 항공사마다 차이가 있다.

6) 탑승 수속 및 C.I.Q.

객실 브리핑 후 항공사 Shuttle Bus로 공항으로 이동하거나 바로 항공기에 탑승한다. 공항 도착 후에는 필요한 경우 Flight Bag을 제외한 Crew Baggage를 Check-In 하며, 이때 빠른 탑승 수속을 위해 항공사 직원 전용 카운터를 이용한다. Extra Crew(Add Crew)의 경우에는 Check-in과 함께 탑승권을 수령해야 한다. 탑승 수속을 마친 후에는 출입국시 반드시 거쳐야 하는 3대 수속인 세관 검사(Customs), 출입국 관리(Immigration), 검역(Quarantine) 심사를 거쳐야 한다. C.I.Q. 통과 후 승무원은 해당 편의 Gate를 재확인하여 이동한다. 이때 서류 담당 승무원은 Out-Bound, In-Bound 서류의 종류와 매수를 확인하여 공항 내 지정된 장소에서 수령하거나 해당 편 Gate 앞에서 지상 서비스 직원을 통해 전달받는다

▶ 탑승 수속을 위해 이동 중인 승무원

▶ 공항 보안 검색대

7) 합동 브리핑(Joint Briefing)

해당 항공편의 기장 주관 하에 지정된 장소와 시간에 실시하며 모든 운항 승무원과 객실 승무원은 반드시 참석해야만 한다. 탑승 수속 후 Gate 앞이나 기내 전방에서 실시하며 국내선의 경우 출발 시간 40분 전, 국제선의 경우 출발 시간 55분 전이지만 상황에 따라 약간의 차이가 있다. 합동 브리핑의 주요 내용은 승객 예약 상태, 비행 예정 시간, 고도, 항로상 기상 및 목적지 기상, 예상되는 Turbulence 시간, 비상 상황 대비 절차, 기타 협조 사항 등이다. 기장은 해당 항공편의 총 책임자이며, 객실 팀장은 객실에서 일어나는 비상 상황에 대한 최종 보고를 해야 한다.

Work Sheet 비행 전 준비 업무

순서	주요 업무 사항
① 출근 준비	
② Show-Up	
③ 브리핑 준비	
④ 용모와 복장 점검	
⑤ 객실 브리핑	

순서	주요 업무 사항
⑥ 탑승 수속 및 C.I.Q.	
⑦ 합동 브리핑	

2 이륙 전 업무

이륙 전 업무는 객실승무원이 항공기에 탑승한 시점부터 항공기 이륙 전까지의 업무를 말한다. 객실승무원은 항공기 출발 55분 전 탑승해야 하며 탑승 후에는 개인 휴대품 정리, Pre-Flight Check, Ground Preparation, Boarding Activity, Ground Service, Door Close & Slide Mode Check, Welcome Announcement & Greeting, Safety Demonstration 등 이륙 준비의 절차에 따라 정해진 시간 내 신속하게 이륙 전 모든 업무를 수행해야 한다.

1) 탑승 및 개인 휴대품 정리

객실승무원은 항공기 탑승 후 개인 휴대품을 먼저 정리한다. 개인 휴대 수화물은 회사 지급품으로 사내 규정에 따라 개수와 규격이 정해져 있다. 국제선 비행 시 대한항공의 경우에는 Baggage를 Check-In Counter에서 수화물로 보내는 반면 아시아나항공의 경우 Flight Bag, Hanger, Baggage 모두 항공기 탑승 시 휴대한다. 우선 기내화를 탈착하고 앞치마와 개인 화장품 파우치 등을 꺼내 Galley 주변의 Compartment에 보관한다. 객실승무원의 개인 휴대 수화물은 Crew Tag을 붙여 승객의 수화물과 구별될 수 있게 하고 보관 위치로는 각 ZONE의 최후방 좌석 밑, Door가 장착된 Coatroom에 보관한다. 부족한 경우 Overhead Bin에 보관하며 이때 승객의 안전과 편의를 최우선으로 고려하여 주의를 기울여야 한다.

2) Pre-Flight Check

객실승무원은 각자 배정된 Duty의 담당 구역을 확인하고 구역별로 구비되어 있는 비상 및 보안장비 점검, 기내 보안 점검, 시스템 및 설비 점검, Cabin Cleaning 점검, Catering Item 점검을 실시한다. 객실승무원의 원활한 업무 수행과 승객의 안전한 여행을 위해 Pre-Flight Check을 정확하게 수행할 책임과 의무가 있다. 비상 및 보안장비 점검은 Check List에 따라 정확하게 점검하고 이상이 있을 경우 신속하게 객실 팀장에게 보고한다. 객실 팀장은 Zone별 점검 결과를 종합하여 장비, 시스템, 설비 상의 문제를 기장 및 담당 직원에게 통보하여 즉각적인 조치가 이루어질 수 있게 한다.

(1) 비상 및 보안장비 점검

객실승무원은 객실브리핑 시 항공기 도해도상의 해당 편 기종별 비상 및 보안장비의 위치를 미리 파악하여 Pre-Flight Check시 신속하고 정확하게 점검하여야 한다. 비상 및 보안장비 Pre-Flight Check List는 항상 숙지한 상태여야 한다.

▶ PA, Interphone

▶ Portable O_2 Bottle, 소화기

비상 및 보안장비 Pre-Flight Check List

구분	장비명	점검 내용
일상 안전 장비	승객 브리핑 시연 장비	• 보관상태 • Seat Belt, 산소마스크, 승객 브리핑 카드, Life Vest
	비상구 주변 점검	• Slide Mode 상태 • Locking 상태
	PA, Interphone	• 작동상태
	Jump Seat	• 좌석 상태 • Belt 상태
화재 진압 장비	Halon 소화기	• 보관상태 • Sealing
	H_2O 소화기	• 보관상태 • Sealing
	BCF 소화기	• 보관상태 • Sealing • Gauge 표시가 Green Band에 위치
	Generator형 PBE	• Box 보관상태
	Oxygen Cylinder형 PBE	• 보관상태 • Sealing • Green Indicator 확인
	Smoker Detector	• 외관상태(이물질 여부) • 작동 여부 • (Boeing 기종) Green Light On
의료 장비	FAK(First Aid Kit)	• 보관상태 • Sealing
	EMK(Emergency Medical Kit)	• 보관상태 • Sealing
	AED(Automated External Defibrillator)	• 보관상태 • Sealing • 사용가능 상태 표시 창
	Universal Precaution Kit	• 보관상태 • Sealing

구분	장비명	점검 내용
	Portable O_2 Bottle	• 보관상태 • Mask, Tube 상태 • PSI Gauge 상태(1800PSI 이상)
비상 탈출 및 착수 장비	Flash Light	• 보관상태 • Red Light 깜빡거림
	Cabin Light	• 객실 내 Light • 작동상태
	Emergency Path Light	• 작동상태
	Crew Life Vest	• 보관상태
	Life Vest	• 보관상태
	Infant Life Vest	• 보관상태
	Life Raft(탑재기종에 한함)	• 보관상태
	Survival Kit(탑재기종에 한함)	• 보관상태
	Megaphone	• 보관상태 • 작동상태
	ELT(Emergency Located Transmitter)	• 보관상태
보안 장비	비상벨	• 위치
	방폭 담요, 방탄 자켓	• 보관상태 및 수량
	수갑과 수갑 열쇠, 포승줄, Tie Wrap, 가스 분사기, 전자 충격 총(미주노선)	• 보안장비 보관함 잠금 상태 • 장비 사용 가능 상태
	Manual Release Tool	• 보관상태

(2) 기내 보안 점검

객실승무원은 객실팀장의 보안 점검 지시에 따라 항공기 운항 전·후 각 담당구역별로 보안사항 Check List에 따라 객실 내 보안 점검을 실시한다. 담당 Zone 전방에서부터 후방으로 이동하면서 객실 바닥, 좌석 상·하단, Jump Seat 주변, Coatroom과 Compartment 내부에 이상 물품이 있는지 철저히 확인해야 한다. Overhead Bin은 모두 열어서 안쪽까지 꼼꼼하게 살피고 Lavatory Door 주변과 휴지통을 열어 확인하고, 거울 뒤쪽 보관함을 직접 열어 의심물품 유무를 확인한다. Galley Duty 승무원은 오븐, 냉장고, 휴지통 등 모든 Compartment를 점검한다. 점검사항 확인 후 객실승무원은 각 Zone별로 점검결과를 객실팀장에게 PA나 구두로 보고한다. 객실팀장은 최종 점검결과를 기장에게 전달하여 이상 징후 발견 시 신속히 공항지점을 통해 신고할 수 있게 한다.

▶ Coatroom 내부 점검

▶ Overhead bin & 천장 점검

▶ Lavatory 점검

▶ Galley 점검

보안사항 Check List

위치	등급			점검목록
	A	B	C	
Cabin	◎	◎	◎	• 비상벨
	◎	◎	◎	• 좌석상단
	◎	◎	◎	• 객실 바닥
	◎	◎	◎	• 모든 Overhead Bin
	◎	◎	◎	• 좌 · 우측 벽면 및 창가
	◎	◎	◎	• 출입구 및 주변 기계장치
		◎	◎	• Coatroom
		◎	◎	• 잡지, 인쇄물 Rack 및 보관 장소
		◎	◎	• 비상장비 보관 장소
		◎	◎	• 좌석 전후면 파우치
			◎	• Life Vest, Seat 쿠션, 하단
			◎	• 승무원 좌석 및 구명장비 보관 장소
			◎	• 기타 천장 공간
Galley	◎	◎	◎	• 비상벨
	◎	◎	◎	• 오븐, 냉장고, Bar
	◎	◎	◎	• Galley 주변 비치된 비상장비
	◎	◎	◎	• 벽면, 천장 및 바닥부분
	◎	◎	◎	• 주방 서비스 도어 및 경첩 주변
		◎	◎	• 휴지통
		◎	◎	• Galley 내 모든 보관 장소
			◎	• 제반 용기나 통, 오븐을 빼서 확인
			◎	• 상단 부분의 산소마스크 보관 장소 및 기타
Lavatory	◎	◎	◎	• Lavator Door, 벽면 및 천창
	◎	◎	◎	• 변기 주변
		◎	◎	• 휴지, 화장지 보관함
			◎	• 개수대 및 하단 용기
			◎	• 산소마스크 보관 장소

A 등급: Green 및 Blue 단계
B 등급: Yellow 단계
C 등급: Orange 및 Red 단계

(3) 시스템 및 설비 점검

객실승무원은 Pre-Flight Check 시 여러 가지 기내 시스템과 설비를 점검하여야 한다. Communication 시스템은 Pax Call 시스템 및 PA · Interphone 시스템을 말하며 기내 방송 담당 승무원의 PA Test를 통해 각 Zone별 이상 유무를 확인할 수 있다. 객실조명시스템은 객실팀장이 단계별로 조정하여 확인한다. Entertainment 시스템의 점검은 승객좌석 정면이나 좌석 위에 설치 된 Monitor와 Screen 작동 상태 및 볼륨을 확인하는 것이다. 항공기에는 다양한 기내서비스 제공을 위해 여러 가지 객실 설비가 설치되어 있는데 기종에 따른 사양과 작동법이 차이가 있으므로 사전에 숙지하여 사용해야 한다. Galley Duty 승무원은 Galley 내 오븐, 냉장고, Water Boiler, Coffee Maker, Trash Compactor 등의 작동 상태를 확인한다. Lavatory 내 Call Button, Flushing 상태, Smoke Detector 등의 설비의 이상 유무를 점검한다.

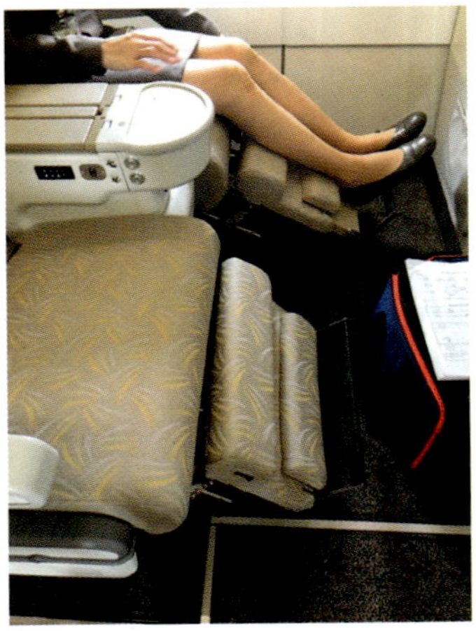
▶ Business Class 좌석 점검

기내 시스템과 설비 점검은 원활한 서비스를 제공하게 함으로써 승객 편의를 도모하고 고객만족에 영향을 미치는 사항이므로 세심하게 확인해야한다. 점검 후 이상 상태를 보고하여 이륙 전에 반드시 해결할 수 있도록 조취를 취해야 한다.

(4) Cabin Cleaning 점검

객실승무원은 담당 구역별로 지상조업원이 실시한 기내청소 상태를 점검하여 이상발생 시에는 객실팀장에게 보고한다. 객실팀장은 지상서비스 직원으로부터 인계받은 기내청소 점검표의 점검 항목별 이행여부를 확인하고 상태에 따라 Re-Cleaning 요청을 할 수 있다.

▶ Cabin Cleaning 점검

(5) Catering Item 점검

각 Zone의 Galley Duty 승무원은 해당노선에 필요한 SVC 기물, SVC Item, 기내식, 기내판매 면세물품, DVD나 Video Tape 등의 탑재 내역을 정확하게 확인해야 한다. Item 점검은 Carrier Box, Cart, Compartment 외부에 명시된 품목과 수량의 일치하는지 육안으로 확인한다. 만일 SVC Item의 추가 탑재 요청을 할 시에는 객실팀장에게 보고 후 필요한 만큼 주문하고 Cabin Report를 작성한다. 이때 항공기가 지연이 되지 않도록 출발 25분 전까지는 추가 탑재 요청이 완료되어야 한다. 기내식의 경우에는 탑승 승객 수에 따라 탑재량에 정해지므로 식사 제공 회수와 SHR상의 최종 승객 수, Special Meal 개수를 고려하여 점검한다. 정확한 기내식 점검을 위해 Meal Tray 1개를 Random으로 꺼내어 세팅 및 내용물 상태를 확인한다. 각 Galley Senior 승무원은 Catering Item 탑재내역을 최종적으로 객실팀장에게 보고한다. 객실승무원의 모든 업무가 정확성이 요구되지만 기내서비스 물품 및 기내식 관련 사항은 승객에게 제공되는 물적 서비스와 직접적인 연관이 있기 때문에 Catering Item 점검 시 더욱 집중하여 정확한 업무 처리를 해야만 한다.

▶ 탑재된 Cart, Container

▶ SVC 기물 및 Item

▶ Oven 내 Entrée

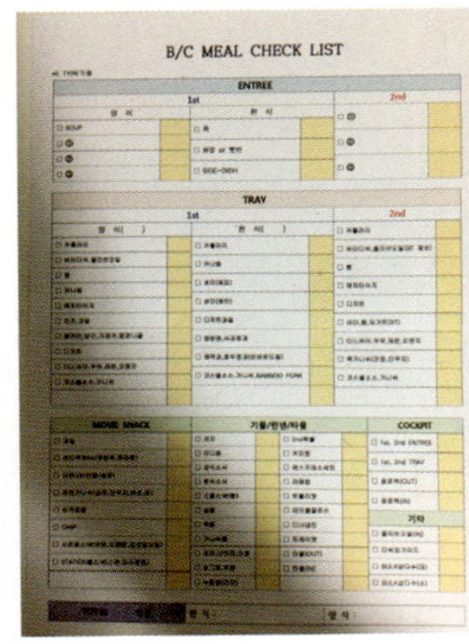

▶ B/C Meal 탑재 내역 Check List

3) Ground Preparation

객실승무원은 승객 탑승 시작부터 이륙 전까지 지상에서 서비스를 제공한다. 이를 위해 신문 · 잡지 서비스, Beverage 확인 및 Chilling, Lavatory Item Setting, Headphone Setting, 기내판매 면세물품 점검, 승객 탑승 준비 등의 지상 서비스 준비 업무를 수행한다. 항공사와 노선, Class별 차이는 있지만, 대부분의 항공사에서 일반석은 신문 · 잡지 서비스, 상위 Class는 Welcome Drink, 신문 · 잡지 서비스, Amenity Kit를 제공한다.

(1) 신문 · 잡지 서비스

신문 · 잡지 Setting 업무를 배정받은 승무원은 신문의 종류가 올바르게 탑재되었는지 우선적으로 확인한다. 해당 편 국적신문, Major 영자신문 등이 탑재되며, In-Bound에서는 출발지 현지신문 탑재여부를 확인해야 한다.

신문 Setting 위치는 주로 항공기 탑승구 바깥 Air-Bridge 접속 부분이나 Step Car 상단이며, Trolley를 상단에 국적신문, 하단에는 영자신문과 기타신문을 배치한다.

이때, 신문 제호가 승객에서 보일 수 있도록 가지런히 배열하여 직접 선택해서 가져갈 수 있도록 한다. 신문 Setting 시에는 In-Bound용 신문을 따로 빼내 보관하여야 하며, 탑승 후 추가적으로 신문을 요청하는 승객을 위해 소량의 신문을 Galley 안에 보관할 필요가 있다.

잡지는 한글 및 영자 주간지, 계간지, 월간지 등이 탑재된다. 다양한 잡지들은 각 Zone별로 설치되어 있는 Magazine Rack에 잡지의 제호가 보이도록 가지런히 Setting한다. Setting 전과 비행 중 Magazine Rack의 청결상태와 잡지배열 상태를 항상 확인하여 깔끔한 기내 이미지를 줄 수 있도록 한다.

(2) Beverage 확인 및 Chilling

각 Zone별 Galley 담당 승무원은 승객 수와 서비스 횟수를 고려하여 Chilling이 필요한 음료를 파악해야 한다. Red Wine을 제외한 Wine 종류와 맥주, 탄산음료, 우유, 주스 등 차갑게 제공되어야 하는 음료는 드라이아이스를 이용하거나 Chiller, 냉장고에 넣어 보관한다. 드라이아이스로 Chilling 시, 지나친 Chilling으로 인해 음료가 얼거나 터지지 않게 주의한다.

▶ 냉장고 전원 On 확인

▶ 냉장고 안 Chilling Item 정리

(3) Lavatory Item Setting

스킨, 로션, 빗, 면도기, 칫솔 등의 Lavatory Item은 지정된 장소에 Setting한다. Roll Paper, Facial Tissue, Paper Towel의 끝부분을 삼각형으로 접어 두고, 변기 Cover에 Paper Cover를 깔아 변기 뚜껑을 덮어 둔다. 안전을 위해서 스킨, 로션 등은 이륙 후 Lavatory Rack에 비치하고 승객 편의를 위해 뚜껑은 제거한다.

(4) Headphone Setting

항공사에서는 Headphone을 제공하여 기내 Entertainment Service의 다양한 Audio와 Video Program을 즐길 수 있도록 한다. Headphone 제공 시점과 방법은 항공사, 노선, Class별로 차이가 있다. 단거리 노선의 경우 주로 Seat Pocket에 미리 Setting되어 있으며, 중장거리 노선에서는 이륙 후 서비스한다. Headphone은 각 Galley별로 Towel Basket에 Setting하여 갤리 내에 보관해 둔다. 여분의 Headphone을 Zone별 마지막 열 자석 Seat Pocket에 넣어 두고 승객 요청 시 즉시 가져다줄 수 있도록 한다.

(5) 기내판매 물품 점검

기내판매 업무를 담당하는 승무원은 기내판매 물품의 품목 및 수량, 보조용품 등의 탑재 상태를 확인해야 한다. 특히 사전 예약 품목 탑재 현황을 정확하게 확인하여 승객의 불만이 없도록 해야 한다. 면세물품이 Bulk로 탑재된 경우에는 Galley 주변 Locking 가능한 Compartment나 Coatroom에 보관한다.

(6) 승객 탑승 준비

객실승무원은 승객 탑승 전 Self Image Making Check를 통해 단정한 상태를 유지하는지 확인한다. SHR상의 승객 정보를 공유하여 승객 탑승 시 확인해야 할 상황을 메모해 둔다. Overhead Bin은 모두 열어 두어 승객이 수화물을 쉽게 정리할 수 있도록 하고 원활한 탑승이 진행되도록 해야 한다. 객실팀장은 탑승 전 Boarding Music을 켜고 은은하게 들리도록 Volume을 조절한다. 객실에 Boarding Music이 들리면 객실승무원은 승객을 맞이할 준비를 한다.

SHR(Special Handling Request) 기재 사항

- 해당 편수, 날짜, 출발지 탑승객 수
- VIP, CIP, UM, TWOV, 환자, 단체 등의 정보
- 남은 좌석 번호
- 기내판매 사전 주문사항
- 승객의 인적사항, 개인별 인적사항
- Special Meal 정보
- 특별한 서비스 요구사항

Senior Crew의 업무

- Galley 내 각종 장비
- Water Gauge, Water Waste
- Meal Check
- Serving Item, Serving Tool
- Cart, Container 탑재 및 이상 유무
- 기내판매 면세물품 Cart 탑재
- 각종 SVC Item 준비

Junior Crew의 업무

- 신문 · 잡지 Setting
- Bulk Item Check & 정리
- 음료 확인 및 Chilling
- Extra Blanket & Pillow 위치, 수량 파악
- Baby Bassinet 보관 위치, 수량 파악
- Lavatory Item Setting
- Headphone Setting

4) Boarding Activity

승객 탑승 시작 시점은 일반적으로 국제선은 출발 30분 전, 국내선은 출발 20분 전이나 현지 공항 사정, 운항기종 및 승객 현황에 따라 달라질 수 있다. 승객 탑승이 시작되면 승무원은 각자의 Boarding Position에서 환영인사를 하고 좌석 안내, 휴대 수화물 정리를 지원한다. 승객과의 첫 인사는 그날의 서비스 평가에 중요한 영향을 미치므로 Boarding 시에는 항상 승객과 눈을 맞추고 진심으로 환영하는 태도를 지녀야한다.

(1) Boarding Position & Greeting

객실승무원은 승객 탑승 전 해당 Duty에 부합하는 Boarding Position의 Door나 통로에 대기한다. 승객과의 첫 만남에서 좋은 이미지를 남기기 위해 밝은 미소와 진심 어린 마음으로 환영인사를 해야 한다. 객실팀장과 Boarding Duty 승무원은 주 탑승구(L1, L2)에 위치하여 승객의 탑승권상의 날짜 및 목적지, 편명, 좌석번호를 확인하고 L side와 R side로 신속하게 안내한다. 객실 부팀장은 탑승구 주변에 위치하여 승객 탑승안내 업무 및 Special Passenger의 탑승을 안내한다. 거동이 불편하거나 비행 시 어려움이 있을 수 있는 환자의 경우 객실팀장이 기장에게 보고한다. 특히 해당 비행이 환자, 임산부, 신체장애자 등의 승객에게 영향을 미친다고 판단되면 기장은 공항지점 담당자에게 해당 승객의 탑승 가능 여부 또는 기타 필요 조치를 취하도록 조언한다.

운송 거부 가능한 승객

- 탑승권 미발급, 미소지 승객
- 비상구 열 좌석 착석 제한에 관한 지시를 거부한 승객
- 신체장애로 인해 비상구 열에 착석해야 하는 승객
- 항공기 운항을 방해하거나 다른 승객 또는 승무원을 위해하는 경우
- 기타 탑승 시 제반 업무를 위반하여 탑승할 수 없는 승객

* 해당 승객이 하기를 거부할 경우, 객실팀장은 기장에게 알라고 공항경찰에게 승객 하기를 위한 업무 협조를 요청한다.

▶ Boarding Position

(2) 좌석 안내

객실승무원은 각자의 Boarding Position에서 승객의 좌석을 신속하게 안내하여 원활한 탑승이 진행될 수 있게 해야 한다. 담당구역 승객이 도움을 필요로 할 때 즉시 응대할 수 있도록 하고 특히 복도가 하나인 항공기에서는 승객이 복도를 막고 서 있지 않도록 적극적인 자세로 좌석안내와 수화물 정리를 지원하여 탑승이 지연되지 않도록 해야 한다. 노약자, 환자, 어린이, 유아동반 승객이 탑승 시에는 더욱 적극적으로 안내해야 한다. 손님의 좌석 안내 시, 좌석 안내 기본자세를 취한다. 비상구 좌석에 앉은 승객에게는 비상구 좌석에 대한 브리핑을 실시하고, 이상이 있을 경우 객실팀장에게 보고하여 조치하도록 한다.

비상구 열 좌석 착석 불가 승객

- 15세 미만이거나 동반자의 도움 없이 탈출구를 여는 동작을 할 수 없는 승객
- 글 혹은 그림 형태로 제공된 비상탈출에 대한 지시를 읽고 이해하지 못하거나 승무원의 구두지시를 이해하지 못하는 승객
- 다른 승객들에게 정보를 적절하게 전달할 수 있는 능력이 부족한 승객
- 일반적 보청기를 제외한 다른 청력 보조 장비 없이는 승무원의 탈출지시를 듣고 이해할 수 없는 승객
- 비상구 열 좌석규정을 준수할 의사가 없는 승객

비상구 열 좌석 승객 임무

- 비상구 외부 상황 확인한다.
- 화재, 연기, 탈출, 방해물이 있을 때 다른 탈출구로 유도한다.
- 외부 상황 이상 없을 때 승무원의 구두신호에 의해 비상구를 Open한다.
- 비상구 주변 장애물을 제거한다.
- 먼저 비상통로를 통하여 안전하게 탈출한다.
- 비행기 밑에서 뒤이어 탈출하는 승객을 부축한다.
- 탈출한 손님을 기체 폭발에 대비해 안전한 지점으로 대피하게 한다.

좌석 중복 배정 승객 응대 *Tip*

- Boarding Pass의 날짜, 편명, 이름, 좌석번호를 확인하고 정중히 사과한다.
- 나중에 탑승한 승객은 Jump seat 주변에 대기할 수 있게 안내한다.
- 객실팀장에게 보고 후 지상 서비스 직원에게 좌석 재배정을 요청한다.
- 좌석여유가 있을 경우 나중에 탑승한 승객을 선호 좌석으로 재배정하여 안내한다.

좌석 안내 기본자세 Tip

- Boarding Pass를 주고받을 때 양손을 가지런히 모아 공손하게 건넨다.
- 방향을 가리킬 경우 다섯 손가락을 가볍게 모아 손바닥 전체를 비스듬히 위로 향하게 한다.
- 앞장서서 안내할 경우 승객과의 적절한 간격을 유지하기 위해 뒤를 돌아보며 확인한다.
- 통로에서 승객과 마주칠 경우 미소를 지으며 가벼운 목례로 인사하며 한쪽 방향으로 비켜선다.

(3) 기내 반입 수화물 안내

객실승무원은 승객 탑승 시 승객의 기내반입 휴대수화물을 적정 장소에 보관할 수 있도록 적극 안내하는 업무를 수행한다. 휴대수화물에 대한 운반, 보관 및 관리는 승객이 직접 하는 것을 원칙으로 하되, 장애인, 임산부, 노약자, UM, 유·소아를 동반한 승객에 한해 운반과 보관에 도움을 준다. 기내반입 수화물의 적정성 여부를 육안으로 판단하고 지정된 보관 장소인 Overhead Bin, Enclosed Coatroom, 전방과 통로 측 방향에 고정 장치가 설치되어 있는 공간에 보관하도록 안내한다. Jacket이나 Coat 등은 구겨지지 않게 잘 접어서 Overhead Bin에 보관할 수 있게 하고 Coatroom이 있는 항공기의 경우, Hanger에 걸 수 있도록 돕는다. 비상구 앞이나 복도에 승객의 휴대수화물이 나와 있지 않게 안내하며, 비인가 장소에 방치한 것을 발견 시 즉각 지정된 장소에 보관할 수 있게 요청해야 한다.

수화물의 종류와 제한품목

구분	규정내용
기내반입가능 휴대수화물 (Carry on Baggage)	• 승객이 기내까지 직접 휴대 가능한 수화물 • 좌석 밑에 보관 가능하며 기내 선반에 직접 올려놓을 수 있는 물품 • 비행 중 승객이 직접 보관, 관리하며 파손과 분실의 책임은 승객에게 있음 • 무료 휴대수화물의 허용량은 3면의 합이 118cm이내 (항공사, Class 따른 차이 있음)
기내반입가능 품목 (추가반입 가능 품목)	• 개인 소지 책, 외투, 지팡이, 소형 악기, 카메라, 서류가방, 유아용 요람, 목발, 우산, 핸드백 등 휴대수화물과 추가반입가능 • 소량의 개인용 화장품과 0.5kg의 향수 • 일자형으로 접을 수 있는 소형 유모차와 접이식 승객 개인 Wheelchair Overhead Bin, Enclosed Coatroom, Compartment에 보관 가능 • Lap Top 및 보관용 가방 • 의상 보관 가방, 쇼핑백은 기내 반입 규격 초과 시 무료 휴대수화물 개수에 포함
위탁수화물 탁송 제한품목	• 승객 개인이 직접 휴대해야 하는 물품 • 귀금속, 돈, 보석, 고가품, 도자기, 유리병, 부패하기 쉬운 물품 등 • 운송 도중 파손, 분실, 지연에 대한 항공사의 책임이 없음
기내반입 제한품목 (SRI, Safety Restricted Item)	• 탑승 전 보안검색에서 발견된 총, 칼, 가위, 톱, 골프채, 건전지 등 다른 승객에게 해를 가할 수 있고 항공기 보안, 안전에 위험을 줄 수 있는 물품 • 보안검색 시 발견된 상기 물품은 직원에 의해 수거되며 화물칸으로 옮겨져 탁송된 후 최종 목적지의 Baggage Claim Area에서 반환
항공기 운송금지 품목	• 항공기 및 승객의 안전을 위해 기내반입 또는 위탁수화물 탁송이 금지된 품목 • 발화성 · 인화성 물질 – 다량의 라이터, 성냥, 페인트, 석유 버너 등 • 고압가스 용기 – 내용물이 충전된 휴대용 부탄가스 용기, 각종 Spray 용기, 수중 Scuba 산소통, 산소 용기 등(Hair Spray, Aerosol 등은 휴대수화물 또는 위탁수화물로 항공기 반입 가능, 신체 소지 탑승 가능) • 무기 및 폭발물 – 총기류, 폭죽, 탄약, 화약, 전기 충격기 등 • 기타 위험 품목 – 독극물, 부식성물질, 방사능 물질, 유해 물질 등

Oversized Baggage 처리 절차

- 승객의 최종 목적지까지 Cargo에 보관해야 함을 안내한다.
- 귀중품(현금, 귀금속, 여권, 중요 서류)이나 깨지기 쉬운 물건, 복용할 약 등의 물건이 없는지 확인한다.
- 좌석 번호, 이름 확인 후 Baggage를 L1 Door로 가지고 가서 객실팀장에게 상황을 보고한다.
- Baggage에 Tag를 붙여 지상서비스 직원이 Cargo로 보낼 수 있게 한다.
- 지상서비스직원을 통해 받은 Tag를 승객에게 전달하며 도착지 Baggage Claim area에서 찾을 수 있음을 안내한다.

Overhead Bin Open & Close *Tip*

Open

- 해당 Overhead Bin 아래에 착석한 승객에게 양해를 구한다.
  "실례합니다. 잠시 머리 위 선반을 열어도 되겠습니까?"
- 선반을 열 때 갑작스럽게 물건이 떨어질 수 있기 때문에 살짝 열어 육안으로 안전 여부를 확인한다.
- 다른 손을 아래에 받혀 조심스럽게 연다.

Close

- Overhead Bin 내 수화물의 배치가 안전한지 확인 후 닫는다.
- 반드시 완전히 닫혔는지 재확인한다.

Boarding Activity 시 주의사항

- Boarding Duty 승무원은 승객과 눈을 마주치고 미소로 인사하며 탑승권을 확인한다.
  "안녕하십니까? 어서 오십시오. 탑승편 명과 날짜 확인하겠습니다."
- Overhead Bin은 정해진 절차에 따라 Open & Close한다.
- Overhead Bin 내의 승객의 짐을 정리해야 할 경우 승객의 양해를 구하고 옮기거나 정리하도록 한다.
- 승객 탑승 중 지정된 위치에서 기계적인 미소를 짓지 않는다.
- 좌석 사이나 Screen 사이로 지나다니지 않는다.

5) Ground Service

(1) 신문 · 잡지 서비스

Individual SVC 시에는 신문 제호가 보이도록 반으로 접어 승객에게 전하도록 한다. 승객 탑승 약 70% 완료 시점에 승무원이 기내에서 직접 신문을 손에 들고 서비스하는 경우도 있다. 이때 신문 제호가 앞쪽에 나오도록 배열하고 가지런히 팔에 받혀 승객이 직접 가져갈 수 있도록 한다. 항공사 노선별 · Class별 특성에 따라 서비스 방법에 차이가 있다.

(2) Headphone 및 개인용품 서비스

개인용 Headphone의 경우 항공사, 좌석등급, 노선별 특성에 따라 서비스 방법에 차이가 있다. 국제선 중장거리의 경우 Basket이나 Trolley에 Setting하여 이륙 후 서비스하며, 상황에 따라 Seat Pocket에 미리 배치할 때도 있다. 또한 Ear Plug, Eye Mask 등 개인용품의 요청에 즉각적으로 서비스한다.

(3) Welcome Drink와 외투 보관 서비스

상위 Class에서는 승객이 좌석에 착석한 후 외투 보관과 Welcome Drink 서비스를 제공한다. 외투 보관이 필요한 승객에게 외투를 받은 후 Tag에 이름과 좌석번호를 적어 Hanger에 같이 걸어 두고 Coatroom에 보관한다. 이때 승객이 외투 안 귀중품을 확인하게 안내한다.

6) Door Close & Slide Mode Check

Door Close 전 객실팀장은 지상서비스직원으로부터 Ship Pouch를 인수받는다. Ship Pouch 안에는 여객 및 화물 운송 관련 Document, Flight Coupon, SHR이 포함되어 있다. 수령 즉시 제한품목, 도착지 입국서류의 탑재여부 및 탑재량을 확인하고 최종 탑승인원을 기장에게 보고하여 탑승이 완료되었음을 알려야 한다. 기장 동의하에 PA를 통해 항공기 Door Close 방송을 실시한다. 이때, 기내에 지상서비스직원의 잔류여부를 다시 한 번 확인해야 한다. Door Close 후 객실팀장의 지시에 따라 각 Door 담당 승무원은 Slide Mode Check를 실시한다. Slide Mood 변경 방법은 항공기기 제작사와 항공기 기종별로 차이가 있으므로 항공사 규정에 의한 정해진 절차에 따라 Disarmed Mood에서 Armed Mood로 변경하며 L Side, R Side 승무원의 상호 점검으로 재확인 절차 후 PA를 통해 최종 보고한다. 객실팀장은 All Attendant Call Button으로 객실 준비사항을 재확인한 후 기장에게 Push Back 준비가 완료되었음을 알린다.

Push Back 전 완료해야 할 점검 사항

- 휴대 수화물의 정위치 보관상태
- Overhead Bin의 닫힘 상태
- 승객의 착석상태

7) Welcome Announcement & Greeting

Slide Mode 변경 후 기내 방송 담당 승무원은 Welcome 방송을 실시하여 환영인사와 안전에 관한 주의 사항 등을 전달한다. Welcome 방송 시작 전 승무원은 정해진 위치에 대기하고 방송 시작 첫인사말과 동시에 담당 구역 승객을 향해 미소를 담아 인사를 한다. 기내 방송은 해당 편 비행에서 최상위 방송 자격을 갖춘 승무원이 실시하며, 항공사를 대표하여 환영의 마음을 전하고 안전에 관한 중요한 사항들을 전달해야 함으로 진심을 다해 방송을 실시해야 한다.

Welcome Announcement 내용

- 환영 인사말
- 비행 편 명, 목적지, 비행시간
- 기장, 객실팀장 소개
- 좌석벨트 착용, 등받이, 테이블, 팔걸이, 발받침 원위치
- 창문 가리개(Window Shade) Open
- 금연 안내
- 전자기기 사용제한
- Safety Demonstration 상영이나 시연 안내

8) Safety Demonstration

모든 항공기는 이륙 전 반드시 Safety Demonstration을 실시하며 신규 탑승객이 없는 중간 경유지에서도 이륙 전 반드시 실시해야 한다. Safety Demonstration은 일상 안전과 비상장비 사용, 비상 탈출에 관한 안내를 포함하여 비상시 승객의 탈출을 돕고 인명을 구조할 수 있는 중요한 시범으로써 항공규정에 의한 항공사의 필수 의무 규정이다. 안내 방법으로는 Video System이 있는 기종에서는 모니터를 통한 영상을 상영하고 Video System이 없는 기종이나 갑작스러운 작동 불능 상황, 비상 상황의 경우에는 객실승무원이 직접 시연한다. 탑승객 중 지체부자유자에게는 해당 Zone 담당승무원이 개별적으로 브리핑을 실시한다. 개별 브리핑의 내용에는 비상구까지의 통로와 비상 탈출 시점에 대한 안내를 포함해야 하며, 비상상황 시 해당 승객에게 도움을 줄 수 있는 협조자를 선정하여 알려야 한다.

Safety Demonstration 내용

- 좌석벨트 착용
- 금연, 이착륙 전 좌석 등받이 조절
- 비상 탈출구
- Life Vest
- Life Raft
- 산소마스크
- 승객 브리핑카드

9) 이륙 준비

객실승무원은 Safety Demonstration 후 이륙 준비에 관한 점검 사항을 담당 구역별로 신속히 수행하고 담당 구역의 지정된 Jump Seat로 이동하여 준비 자세(Ready Position)를 취한다.

이륙 준비 점검사항

구분	이륙 준비 업무
Cabin	• 좌석벨트 착용 확인 • 좌석 테이블, 좌석 등받이 원위치 확인 • 창문 가리개(Window Shade) Open 확인 • 좌석 팔걸이 및 발 받침대 원위치 확인 • 모든 짐 보관 상태 확인 • Overhead Bin Locking 상태 확인 • 비상구 주변과 복도에 짐이 있는지 확인 • 기내 조명을 Dim 상태로 조절
Galley	• Galley 내 모든 Cart, Container Locking 상태 확인 • Galley 내부 고정 장치 확인 • Galley Curtain Open 상태 확인 • Galley 조명을 Dim 상태로 조절
Lavatory	• Lavatory 내 승객 유무 확인 • 변기 뚜껑의 닫힘 상태 확인 • 화재 위험 여부 확인
Crew	• 담당 구역으로 지정된 Jump Seat 착석 • 좌석벨트를 허리 아래로 고정하고 Should Harness를 착용 • 발바닥을 바닥에 붙이고 양손을 위로 향하게 하여 다리 밑에 깔고 앉는다. • 30 Second Review 실시

이륙 준비 시 주의사항

- Taxing 중 갑자기 움직이려는 승객을 저지해야 한다. 이때 지나치게 큰 소리로 주의를 주면 승객이 무안해할 수 있음을 유의한다.

▶ Overhead Bin Locking 상태 확인 중인 승무원

▶ Jump Seat에서 Ready Position 중인 승무원

Work Sheet 이륙 전 준비 업무

순 서	주요 업무
① 탑승 및 개인 휴대품 정리	
② Pre-Flight Check	
③ Ground Preparation	
④ Boarding Activity	
⑤ Ground Service	
⑥ Door Close & Slide Mode Check	

순 서	주요 업무
⑦ Welcome Announcement & Greeting	
⑧ Safety Demonstration	
⑨ 이륙 준비	

3 비행 중 업무

비행 중 업무란 항공기가 이륙 후 적정고도에 이르렀을 때, 객실승무원이 승객에게 제공하는 기내식, 기내 영화 상영, 면세품 판매 등의 In-Flight Service 업무를 말한다. 객실승무원의 업무를 살펴보면 이륙 전까지 안전 및 보안 업무의 비중이 높았다면 비행 중에는 서비스 업무의 비중이 높다고 할 수 있다. 서비스의 내용과 절차는 항공사, 항공기 기종, 노선에 따라 차이가 있다. 항공사의 Service Manual에 따른 In-Flight Service Procedure를 사전에 숙지하여 승객이 만족스러운 여행할 수 있도록 해야 한다. Full Service를 제공하는 FSC(Full Service Carrier)의 국제선 In-Flight Service Type과 Procedure는 다음과 같다.

In-Flight Service Type

구분	운항 시간	Service Type
단거리 노선	50분 이내	Beverage
	1시간 이내	Cold meal or Hot Snack
	1시간 30분 이내	Cold meal or Hot Snack
	2시간 30분 이내	Hot Meal
	4시간 이내	Hot Meal
중거리 노선	6시간 30분 이내	Hot Meal & Beverage
	8시간 이내	Hot Meal & Light Snack
장거리 노선	8시간 이상	2 Hot Meals & Movie Snack

* Service Type은 각 항공사의 영업정책이나 노선별 특성에 따라 다르게 적용될 수 있다.

In-Flight Service Procedure

단거리 노선	중거리 노선	장거리 노선
Brunch/Lunch/Dinner(Cold Meal, Hot Snack, Hot Meal) ① Meal ② Coffee & Tea ③ Collection	Breakfast/Brunch/Lunch/Dinner (Hot Meal) ① Headphone & Amenity Kit & Giveaway Service ② Document ③ Towel ④ Aperitif ⑤ Meal ⑥ Refill Wine & Water ⑦ Coffee & Tea ⑧ Collection ⑨ Duty Free Sales ⑩ PAX Rest ⑪ Refreshment Drink & Light snack ⑫ Collection ⑬ Document Recheck & Headphone Collection * ⑪, ⑫는 6시간 30분~8시간 이내 중거리 노선에 적용	Breakfast/Brunch/Lunch/Dinner (2 Hot Meals) ① Headphone & Amenity Kit & Giveaway Service ② Document ③ Towel ④ Aperitif ⑤ 1st Meal ⑥ Refill Wine & Water ⑦ Coffee & Tea ⑧ Collection ⑨ Duty Free Sales ⑩ PAX Rest & Movie Snack ⑪ Wake-Up Drink ⑫ 2nd Meal ⑬ Coffee & Tea ⑭ Collection ⑮ Document Recheck & Headphone Collection

* 상기 절차는 항공사와 노선별 특성에 따라 일부 생략, 변경될 수 있다.

기내서비스는 각 기종별 Service Flow에 따라 이루어지며 장거리 노선의 In-Flight Service Procedure의 세부사항은 다음과 같다.

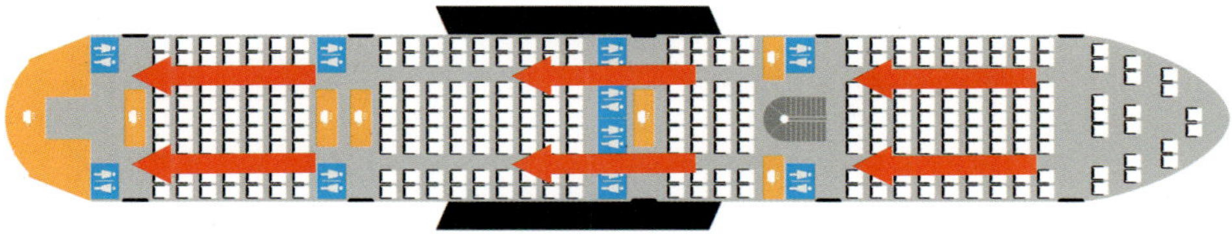

▶ Service Flow 예시

1) Headphone & Amenity Kit & Giveaway Service

비행 중 업무의 시작은 승객의 Amenity Kit(Slipper 등의 편의용품)을 제공하는 것에서 시작된다. Headphone과 Giveaway의 제공 시점은 객실팀장의 판단에 따라 Ground Service 시 제공하기도 한다. 이륙 후 Headphone과 Amenity Kit을 서비스할 때는 Trolley를 사용하거나 Basket에 담아 전달한다.

2) Galley Briefing

원활한 서비스 업무의 수행을 위해 각 Zone별 Senior의 주관 하에 Galley Briefing을 실시한다. Cabin Briefing 시 전달된 내용인 탑승객 정보, Meal Tray의 내용 및 수량, Special Meal 내용 및 수량, 서비스 진행 방법 및 유의 사항 등을 재확인하여 해당 구역의 서비스에 차질이 없도록 한다.

3) 1st Meal Service

(1) Menu Book

Full Service를 제공하는 국내외 항공사의 중장거리 비행에서는 기내식 서비스 전 Menu Book을 제공한다. 일반석의 경우 생략하는 항공사도 있지만 B/C 이상의 상위 클래스에서는 Menu Book 서비스를 대부분 시행한다. 객실승무원은 Menu Book에 표기된 조리법과 구성을 사전 숙지하여 승객에게 안내할 수 있어야 한다.

(2) Towel

Towel은 Cotton Towel과 Disposal Towel로 구분할 수 있으며 항공사에 따라 제공 시점과 방법, 종류에 차이가 있을 수 있다. 대한항공의 경우 Disposal Towel은 1st Meal Service 시 제공하며, Cotton Towel은 2nd Meal Service 전에 제공한다. 아시아나항공의 경우 Cotton Towel은 상위 Class에서만 서비스하고 일반석에서는 Disposal Towel을 제공한다.

Cotton Towel 준비 및 서비스 방법

- 뜨거운 Towel의 준비방법은 Oven에 Medium으로 20~25분 Heating하거나, Towel Pack에 뜨거운 물을 종이컵으로 적당량을 골고루 붓는 방법이 있다.
- 승객에게 제공 전에는 반드시 온도와 습도, 청결상태를 확인한다.
- 서비스 시 왼손은 Towel Basket이나 Tray의 바닥부분을 손에 받치고, 오른손은 Towel Tong을 사용하여 말아진 상태로 제공한다.
- Towel 서비스 시 반드시 뜨거운 상태에 대한 주의를 당부해야 한다.
  "뜨거우니 조심하십시오."
  "뜨거운 Towel 준비해 드리겠습니다."
- 회수 시 승객이 직접 담을 수 있도록 유도하거나 Towel Tong을 이용하여 회수한다.

(3) Aperitif

Aperitif는 식사 전 제공되는 음료로 항공사마다 이륙 시간, 노선별 특성에 따라 Large Tray나 Cart로 서비스한다. 제공되는 음료로는 알코올 음료(Beer, Wine, Liquor 등)와 비알코올 음료(Soft Drinks, Juice, Mineral Water 등)로 다양하며 음료와 함께 Nuts를 서비스한다.

Aperitif Cart 준비

- Half Cart의 상단에 Cart Wing을 펼치고 Cart Holder를 고정한다.
- White Wine, Whisky, Cognac, Vodka, Mineral Water, Juice, Cups를 Cart Top에 Setting한다.
- 1st Drawer에는 Nuts, Napkins, Lemon Slice, Muddler 등을 사용하기 편리하게 정리해 둔다.
- 서비스 나가기 직전 Ice Bucket과 Ice Tong을 Cart Wing 위에 올린다.

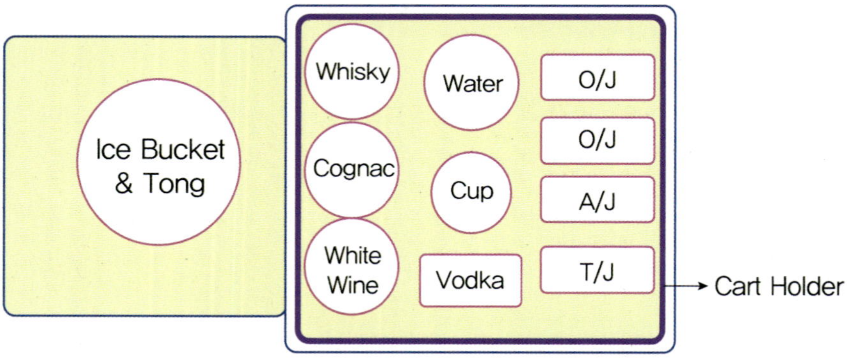

▶ Aperitif Cart Top 예시(아시아나항공)

How to Serve Aperitif

- "(미소를 지으며 승객을 보며) 음료 준비해 드리겠습니다. (음료를 손으로 가리키며) 오렌지 주스, 토마토 주스, 와인, 위스키를 비롯한 양주, 맥주, 탄산음료가 준비되어 있습니다. (승객을 보며) 어떤 음료로 하시겠습니까?"
- 주문받은 음료는 Nuts, Napkin과 함께 서비스하며 항공사 로고가 승객의 위치에서 정면으로 보일 수 있게 한다. "테이블 열어 주시겠습니까?" Nuts와 Napkin을 테이블 왼편에 놓고 "땅콩과 냅킨 먼저 준비해 드리겠습니다."
- 승객의 오른쪽에 음료를 놓는다. "주문하신 OO(주문한 음료 재확인)입니다. 맛있게 드십시오."
- Cup을 잡을 때는 아랫부분을 잡도록 하며 입술이 닿는 부분에 손이 닿지 않도록 각별한 주의를 기울인다.
- 맥주를 주문할 경우 제공 가능한 맥주의 종류를 말하고 승객이 선택할 수 있도록 한다.
- Cart에 없는 음료를 주문할 경우 개별적으로 따로 제공한다. 기다릴 동안 마실 수 있는 대체 음료를 먼저 제안한다.
- 음료를 주문하지 않는 승객에게도 Nuts를 제공한다.

* 항공사에 따라 Cart Setting 방법이 달라질 수 있으며 Half Cart와 Cart Holder 대신 Full Cart, Drawer를 사용하기도 한다.

(4) 1st Meal

국제선 장거리 비행의 식사 서비스는 일반적으로 식사 서비스 2회, Movie Snack 1회로 구성되어 있으며 기내식의 종류는 비행노선 및 서비스 시점에 따라 차이가 있다. 기내식은 2종류의 메뉴 중 선택할 수 있으며, 탑재 비율은 노선의 특성에 따라 7:3, 6:4, 5:5 등으로 이루어져 있다. 카트 내 Meal Tray가 사전에 Setting되어 있으며 카트 외부 Tag에 비율에 따른 식사 종류별 Tray의 개수가 표기되어 있다. Menu Book을 사전에 확인하여 Entrée와 Tray의 구성이 잘 맞도록 Setting해야 한다.

Galley 담당 승무원은 식사 서비스 전 오븐 내 Setting되어 있는 Entrée를 따뜻하게 Heating해야 하며, 항공기 기종에 따른 오븐 상태와 Entrée 해동 상태에 따라 Heating 기준 시간을 적절히 조절해야 한다. 적절히 데워진 Entrée는 Meal Cart 내부 Tray에 직접 Setting해야 하며 이때 Tray 위 구성물이 흐트러지지 않게 신경써야 한다. Aisle 담당 승무원은 승객들의 Side Order 응대 및 Special Meal Order 승객의 성명, 좌석번호, 주문 여부와 내용을 S.H.R.에 표기된 코드를 확인하여 Special Meal Tag을 승객의 좌석에 부착한다.

Meal Type에 맞는 Cart Top을 준비하여 식사 서비스 준비를 마친다. 식사 서비스 시점과 노선 특성에 따른 차이가 있지만 대체로 국내 FSC에서는 첫 번째 식사 서비스는 한식과 양식으로 구성되어 있다. 1st Meal SVC Flow는 앞좌석에서 뒷좌석, Window Seat에서 Aisle Seat 방향으로 실시한다.

How to Serve 1st Meal

- 승객 좌석 등받이가 뒤로 젖혀진 경우 식사를 위해 좌석 등받이 상태를 원위치 할 수 있게 요청한다.
  "실례하겠습니다. 편안한 식사를 위해 좌석 등받이를 원위치로 해 주시겠습니까?"
- Tray Table을 펼친다.
  (Tray Table이 Close 상태라면) "Table 펼쳐 주시겠습니까?"
- Entrée의 종류와 내용을 설명하고 승객의 주문을 받는다.
  "한식으로는 신선한 야채를 곁들인 비빔밥, 양식으로는 으깬 감자를 곁들인 스테이크가 준비되어 있습니다. 어떤 것으로 드시겠습니까?"
- 식사를 제공하기 전 Tray 위 내용물들을 가지런히 정리한다. Entrée가 승객의 앞쪽에 위치하도록 Table에 놓는다. 비빔밥의 경우 국이 뜨겁다는 주의와 외국인에게는 비빔밥 취식 방법을 간단히 설명한다.
  "말씀하신 OOO(주문한 식사 재확인)입니다.", "국이 뜨거우니 조심하십시오."
- 와인과 기타 음료를 권한다.
  "식사와 함께 와인 하시겠습니까?", "다른 음료 더 하시겠습니까?"
- (눈을 마주치고 웃으며) "맛있게 드십시오."

Meal SVC 시 취침 승객 응대 *Tip*

- 주변의 식사 소리에도 계속 수면 중인 승객은 숙면 승객으로 판단하고 충분한 수면을 취할 수 있도록 승객의 전면 Seat Back SVC Sticker를 부착한다.
- 1st Meal SVC 시 취식하지 않은 승객의 Meal은 따로 보관하고, 서비스 도중이나 이후에 취식을 원할 경우 SVC Sticker를 즉시 제거하고 식사를 제공한다.
- 식사 요청 시점에 따라 1st Meal과 2nd Meal 중 선택할 수 있게 여쭈어 본다.
- Meal 외에 다른 것을 요청하는 승객에게는 대체할 수 있는 것을 권유하여 제공한다.
- Approaching Signal 이후 깨어나 식사를 요청하는 승객에는 착륙준비로 인해 Meal 서비스가 불가함을 안내하고 양해를 구한 다음 SVC Sticker를 제거한다.

(5) Refill Wine & Water

1st Meal 서비스 완료 후 Meal Cart를 정리하고 Coffee를 Brew하고 Tea를 우려내는 동안 Wine Bottle을 손에 들고 Refill을 원하는 승객에게 제공한다. 이어서 Water Refill 서비스도 실시한다.

(6) Coffee & Tea

승객의 식사 속도를 Check하여 Dessert와 함께 Coffee와 Tea를 즐길 수 있도록 서비스하며, 서비스 Flow는 식사 서비스 Flow와 동일하다. Coffee와 Tea는 1회 이상 SVC하여 승객들이 충분히 여유를 가지고 식사를 마무리할 수 있도록 한다,

Galley 담당 승무원은 Coffee와 Tea를 준비할 때 청결을 위해 미리 Pot의 내부를 뜨거운 물로 헹구고, 뜨거운 물을 받아 Warming해 놓으면 뜨거운 상태를 유지할 수 있다. 뜨거운 음료는 항상 뜨겁게 제공되어야 하며 서비스 시에는 승객의 안전에 각별한 주의를 기울여야 한다.

대체로 Coffee를 먼저 서비스하고 이어서 Tea 서비스를 한다. Tea는 홍차를 주로 사용하지만 일본 노선에서는 노선의 특성상 녹차를 제공한다. Small Tray에 Sugar,

Creamer, Lemon Slice를 필요에 따라 Setting하고 승객이 Cup을 직접 올리고 가져갈 수 있게 승객 가까이에서 Tray를 낮추어 서비스하며 잔은 채울 때는 통로 쪽에서 따르고 뜨거움에 대한 주의를 안내해야 한다. 특히 유아를 동반한 승객이 요청하는 경우에는 매우 위험함을 안내하고 다른 음료를 권하거나 소량 제공한다.

▶ Coffee & Tea SVC Tray Setting 예시(아시아나항공)

How to Serve Coffee & Tea

- 한 손에 Coffee Pot과 다른 한 손에 Coffee SVC Tray 들고 Aisle 쪽을 향하게 위치한다.
  "커피 드시겠습니까?"
- "Cup 올려 주시겠습니까?" 승객이 직접 Cup을 올릴 수 있도록 Tray의 방향을 승객 쪽으로 하며 이때 Pot은 Aisle 쪽을 향해 있도록 주의한다.
- Tray 위의 Cup에 Coffee는 Aisle에서 따르고 Cup의 2/3정도의 분량을 채운다.
- Tray를 승객 방향으로 하여 직접 가져갈 수 있게 하며 뜨겁다는 것을 안내한다. 승객이 Sugar, Creamer, Lemon Slice(Black Tea의 경우)를 직접 가져갈 수 있게 한다.

" 설탕, 크림 같이 하시겠습니까? 뜨거우니 조심하십시오."

(7) Collection

2nd Coffee & Tea SVC 이후 승객의 식사가 90% 정도 마무리되었을 쯤 Meal Tray를 회수한다. 식사를 마친 승객들은 테이블 위에 Tray를 올려 둔 상태로 휴식을 취하거나 화장실을 가는 경우도 있기 때문에 신속히 정리하도록 한다. 회수 방법은 식사 서비스 Flow와 동일하지만 식사 서비스 때와는 반대로 Aisle Seat에서부터 Window Seat 순서로 회수한다.

Collection을 할 때에는 Toothpick, 냅킨, 물을 찾는 승객들이 많으므로 Cart 상단에 Tray나 Drawer에 미리 준비하여 즉시 제공할 수 있도록 한다. 회수한 Meal Tray는 Cart 아래 열부터 차례로 채우도록 하며 승객에게 식사 잔여물이 튀지 않도록 주의한다.

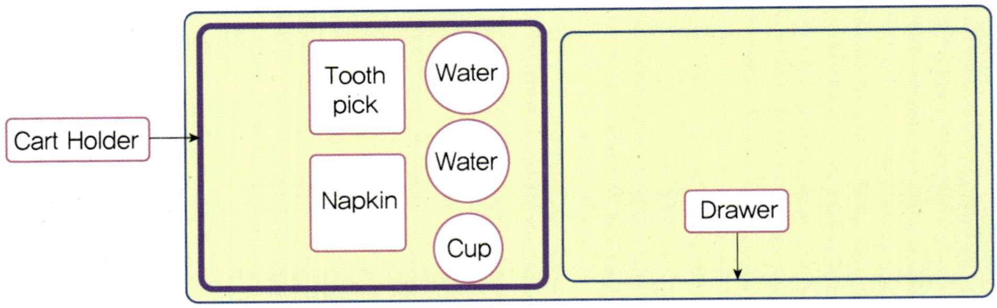

▶ Collection Cart Top Setting 예시(아시아나항공)

How to Collect Meal Tray

- 회수할 때에는 식사에 대한 만족도를 승객에게 물어본 뒤 회수한다.
  "(Eye Contact & Smile) 식사 맛있게 드셨습니까? 정리해 드려도 괜찮으시겠습니까?"
- 승객이 물을 더 원할 때에는 컵에 물을 채워 냅킨과 함께 제공한다.
- 남은 음료가 담긴 컵은 쏟아지지 않게 Drawer에 차곡차곡 정리한다.

(8) Aisle & Lavatory Cleaning

Meal Tray Collection 후 Aisle 담당 승무원은 Tray를 들고 미회수 Meal Tray와 컵을 정리하여 쾌적한 환경을 만들 수 있도록 한다. 또 식사 후 화장실을 이용하는 승객이 깨끗하게 사용할 수 있도록 청결 상태를 점검하고 승객의 편의를 위해 Lavatory Item을 충분히 채워 둔다.

4) Document

Aisle Cleaning 이후 담당 Zone 승무원은 입국에 필요한 서류를 배포한다. 서류가 2종류 이상인 경우 Small Tray를 준비하여 서비스한다. 입국에 필요한 서류는 주로 입국카드와 세관신고서이며 일부 국가에서는 검역 관련 설문서를 추가로 작성해야 한다. 객실승무원은 Cabin Briefing에서 Station Information을 재확인한 상태로 기내에서 승객에게 도착지 출입국 관련 규정을 정확하게 안내해야 한다. 입국 서류 배포 시 승객의 Transit 여부와 최종 목적지를 확인하여 적합한 서류를 제공해야 한다. 특히 노약자나 UM의 경우에는 서류 작성에 적극적으로 도움을 줘야한다. 서류 서비스 이후 목적지 도착 전에 입국서류 안내방송을 실시할 때 서류소지 및 작성 여부를 반드시 재확인해야 한다.

5) Duty Free Sales

서류 서비스 후 면세품 판매 안내 방송을 한다. 면세품 판매는 Cart에 Setting하여 판매하는 경우와 주문서를 받아 Delivery하는 방법이 있다. 기내 판매 담당 승무원은 전체적인 기내판매 업무를 총괄하며, Galley별로 최소 1명 이상의 승무원이 담당 Zone의 서비스와 Lavatory 점검 등을 할 수 있도록 하여 객실 내 서비스의 공백이 느껴지지 않게 해야 한다. 기내판매 관련한 최근 공지 사항을 사전에 숙지하여 환율, 할인품목 등 정확한 정보를 전달할 수 있도록 한다.

면세품 판매 시 주의 사항

- 면세품 전달 시 오전달 방지를 위해 객실승무원과 승객 간의 대화를 통한 상호 확인이 필요하다.
  "손님, 주문하신 OOO입니다. 주문하신 물품이 맞는지 확인해 주시겠습니까?"
- 판매 시 환승 여부를 반드시 확인하여 STEB[1] 제공 여부를 결정한다. 도착지가 미주지역인 경우, 100ml 이상 불투명 유리나 금속병의 액체류 반입이 금지되어 있음을 안내한다.

1) STEB: Security Temper Evident Bag. ICAO(국제민간항공기구)가 인증한 밀봉 가능한 비밀 봉투로 개봉을 하면 흔적이 남도록 하여 개봉여부 확인이 가능한 투명 비닐 봉투이다. 액체성 면세품의 기내 반입 시 반드시 STEB에 밀봉한 상태여야 하며 개봉 흔적이 없어야 한다.

6) PAX Rest & Movie Snack(In Between Snack)

면세품 판매를 마무리한 후 승객들의 편안한 휴식을 위해 기내 조명을 어둡게 조절하고 Walk-Around[2]를 실시한다. 개인용 Monitor & AVOD System은 기종마다 작동하는 방법에 차이가 있으므로 사전에 숙지하여 승객에게 안내할 수 있도록 한다. 최근 도입된 항공기의 경우에는 좌석마다 개인용 Monitor가 장착되어 있어 스크린상에 원하는 영화나 TV 등을 터치하여 선택하고 언제든지 즐길 수 있다.

승객이 휴식을 취하는 동안 객실승무원도 2교대로 Crew Rest[3]를 실시하며 Intermission Procedure[4]에 따라 업무를 진행한다. 1st Duty Crew는 주로 2nd Meal Service를 위한 Item 정리 및 Refill, Inbound 팀을 위한 SVC Item 정리, Movie Snack 준비 업무를 한다. 2nd Duty Crew는 2nd Meal Service 준비를 한다. 1st Duty Crew가 Movie Snack을 Basket이나 Drawer에 담아 두고 음료는 Full Tray에 16잔을 종류별로 Setting해 놓으면 휴식을 마친 2nd Duty Crew와 함께 서비스한다. Movie Snack의 종류는 항공사와 노선별로 상이하지만 공통적으로 서비스할 때는 냅킨을 함께 제공하고 이어서 음료를 제공한다.

2) Walk-Around: 승객 휴면 시 담당 Zone을 약 15분 간격으로 순회하여 객실 안전과 쾌적함을 유지할 수 있도록 하는 것을 말한다.
3) Crew Rest: 8시간 이상의 장거리 비행에서 객실승무원은 2교대로 Crew Rest Area(Crew Bunk)에서 다음 업무를 위한 휴식을 취해야 한다.
4) Intermission Procedure: 기내 판매 종료 후부터 2nd Meal Service 전까지 이루어지는 중간 휴식 절차를 말한다.

7) Wake-Up Drink

▶ Wake-Up Drink 준비

2nd Meal Service 전 휴식을 취하고 있는 승객들에게 식사 서비스를 알리는 방송과 함께 기내 조명이 점차적으로 밝아지면 Full Tray에 미리 준비해 둔 음료를 서비스한다.

8) 2nd Meal Service

도착 2시간 30분에서 3시간 전 두 번째 식사 서비스를 제공하며, 서비스 Flow는 1st Meal 서비스 Flow와 반대인 뒷좌석부터 역방향으로 시작하며 서비스 방법은 동일하다.

- 2nd Meal → Coffee & Tea → Collection → Aisle & Lavatory Cleaning

Work Sheet 비행 중 업무

순 서	주요 업무
① Headphone & Amenity Kit & Giveaway Service	
② Galley Briefing	
③ 1st Meal Service	
④ Document	
⑤ Duty Free Sales	

순 서	주요 업무
⑥ PAX Rest & Movie Snack	
⑦ Wake-Up Drink	
⑧ 2nd Meal Service	

4 착륙 전 업무

1) 기장 Approaching Announcement 후

도착 40분 전 기장의 목적지 도착 안내 방송이 들리면, 객실승무원들은 2차 Galley Briefing[5)]을 실시하여 모든 서비스 업무를 마무리하고 착륙을 위한 준비를 한다. 기내방송 담당승무원은 Arrival Information 방송을 실시하고 Headphone Collection, 입국서류 및 검역, 공항안내 방송 등을 실시한다. 기내 판매 담당승무원은 판매 마무리 업무를 시작하며 담당 Zone 승무원들은 서비스 물품들을 회수하고 승객들의 입국 서류 소지 및 작성여부를 재확인한다.

2) Approaching Signal 후

항공기가 지상 고도 20000ft에 도달하면 기장은 객실승무원에게 방송을 통해 Approaching Signal을 준다. "Cabin Crew, Prepare for Landing." 이라고 들리면 대략적으로 착륙 20분 전이다. 이때 기내 판매 담당승무원은 기내 판매 업무를 종료하며, Galley 내 정리 및 유동물의 고정 상태를 점검한다. 각 Zone 담당 승무원들은 승객들이 맡긴 물품들을 반환해 주고 Special Care Pax를 확인하여 하기 안내 사항을 전달한다.

---

5) 2차 Galley Briefing
- SPML 포함한 Meal을 비롯한 SVC IRRE 사항 해결 확인
- 불만승객 발생 및 Handling 조치 확인
- Special 승객 Care 및 서비스 확인
- 승객 요청사항 수행 및 보관물품 반환여부 확인
- SHR에 언급된 고객 관련 사항 확인
- 기타 특이사항

3) Landing Signal 후

항공기가 지상 고도 10000ft에 도달하면 기장은 기내에 Landing Signal을 준다. 대략 착륙 10분 전이며 기내방송 담당자는 Landing 방송을 실시한다. 객실승무원은 승객의 좌석 벨트 착용상태를 확인하고 좌석등받이, Tray Table, Foot Rest, Arm Rest, Monitor 등의 원위치 상태를 점검한다. 착륙을 위한 모든 안전 점검을 마친 후 승무원은 지정된 Jump Seat에 착석하여 'Ready Position'을 취하고 '30 Second Review'를 실시한다.

Work Sheet 착륙 전 업무

순 서	주요 업무
① 기장 Approaching Announcement 후	
② Approaching Signal 후	
③ Landing Signal 후	

5 착륙 후 업무

1) Taxiing 중 업무 & Farewell Announcement

객실승무원은 항공기가 목적지 공항의 활주로에 안전하게 Touch Down하고 공항 터미널까지 Taxiing하는 동안 모든 승객의 착석 상태를 유도해야 한다. 좌석 벨트 착용 표시등이 꺼질 때까지 승객을 지켜보고 비행 안전 취약 단계 규정을 준수한다. 기내 방송 담당자는 착륙 후 엔진의 역회전이 끝날 무렵 Farewell Announcement를 실시한다. 이어서 객실 팀장은 Boarding Music을 On한다.

2) Slide Mode Check & Door Open

항공기가 완전히 정지하고 좌석 벨트 착용 표시등이 꺼지면 객실팀장의 PA지시에 따라 Slide Mode를 변경한 후 All Attendant Call에 응답한다. 객실팀장은 Door Open 전 객실 조명을 Full Bright로 조절한 후 정해진 절차대로 Door Open을 하고 지상서비스 직원에게 Ship Pouch를 인계하고 중요 승객이나 특별 승객에 대한 정보를 전달한다. 객실팀장은 검역이나 세관의 하기 허가가 필요한지 확인한다.

3) 승객 하기

승객 하기 시 각 Zone 승무원은 지정된 Jump Seat 주변에서 항공사 이용에 대한 감사인사를 실시하고 필요한 도움을 제공한다. UM, 장애인 승객, 유아동반 승객, 노약자, 한가족 서비스 승객의 짐은 필요시 적극적으로 들어 준다. Curtain이나 Class Divider를 사용하여 승객 하기 순서[6)]가 지켜질 수 있도록 한다.

4) Cabin Check

승객 하기 완료 후 유실물 점검을 최우선으로 실시한다. 유실물 점검 시 좌석 주변 및 Seat Pocket을 우선적으로 실시한 후 Overhead Bin을 모두 Open하여 내부를 육안으로 확인한다. Coatroom에 남겨진 물건이 없는지 확인하고 Lavatory에 잔류 승객 유무를 확인한다. 각 승무원은 담당 Zone별로 기내보안점검을 실시하고 Slide Mode의 위치를 재확인한 후 지상서비스직원과 인계인수가 필요한 Item을 인계한다.

승객 하기 후 유실물 발견 시 처리 절차 *Tip*

- 객실팀장에게 보고한 후 최대한 빨리 승객에게 인계할 수 있도록 한다.
- 직접 전달이 어려울 경우 객실 팀장은 운송직원에게 유실물 내용 및 승객 인적사항을 유·무선을 이용하여 통보 및 승객 Paging을 요청한 후 운송직원에게 유실물을 전달한다.

---

6) 승객 하기 순서
① 응급환자 ② VIP, CIP ③ F/C 승객 ④ B/C 승객 ⑤ UM, FMLY ⑥ Y/C 승객
⑦ 제한승객 ⑧ Stretcher

5) Debriefing

비행 종료 후 객실승무원은 정해진 시점 및 장소에서 객실팀장이 주관하는 디브리핑에 참석해야 한다. 디브리핑은 매 비행 종료 시마다 객실전방이나 Shipside에서 실시하는 것을 원칙으로 한다. 객실승무원은 비행 중 특이사항 중심으로 객실팀장에게 보고할 의무가 있으며, 객실팀장의 의견을 적극 수용해야 한다. 디브리핑 실시 결과 별도 보고 및 업무개선이 필요하다고 판단되는 경우에는 객실팀장이 Report 작성을 통해 회사에 보고한다.

Work Sheet 착륙 후 업무

순 서	주요 업무
① Taxiing 중 업무 & Farewell Announcement	
② Slide Mode Check & Door Open	
③ 승객 하기	
④ Cabin Check	
⑤ Debriefing	

Chapter 06. 저비용항공사(LCC)의 기내서비스

CHAPTER

06 저비용항공사(LCC)의 기내서비스

1 저비용항공사의 이해

1) 저비용항공사의 정의

ICAO[1]의 항공사 분류 기준에 의하면 저비용항공사(LCC: Low Cost Carrier)는 '저렴한 운임으로 장거리 정기 및 부정기 항공서비스를 제공하는 항공사'로 정의된다. 저비용항공사는 기존의 일반항공사(FSC; Full Service Carrier)에 비해 비교적 낮은 운임과 최소한의 서비스만 제공하여 가격 경쟁력을 높여 다양한 소득계층의 사람들이 항공운송서비스를 이용할 수 있도록 하는 역할을 해 왔다.

저비용항공사의 첫 출현은 1946년 영국의 런던 히드로 공항에서 British South America Airway의 남미 시험 비행에서부터 시작된 것으로 볼 수 있다. 그 이후, 유럽과 미국에서 항공자유화 시대를 맞이하면서 여러 저비용항공사들이 설립되었다.

1) ICAO: International Civil Aviation Organization의 약자로 국제민간항공기구를 뜻한다. 주요업무는 국제민간항공의 안전과 발전을 위한 정보교환과 협력, 평화적 목적을 위한 항공기의 설계 및 운영기술 장려 활동이다.

특히 1971년 설립된 미국의 Southwest Airlines(사우스웨스트항공)는 혁신적 경영 모델을 바탕으로 한 성공적인 롤 모델로 많은 저비용항공사들의 출범에 영향을 미쳤다. 1978년에 미국은 항공규제 완화 정책을 시행하면서 자율적인 항공사의 설립과 운영이 가능해지면서 저비용항공사의 성장이 크게 증가하였고, 이러한 제도적 변화는 전 세계적으로 영향을 미쳤다.

이렇듯 글로벌 항공운송서비스 시장의 변화는 우리나라에도 영향을 주면서 여러 저비용항공사들이 연이어 설립되었다. 국내 저비용항공사의 지속적인 성장은 고객들에게 대한항공과 아시아나항공의 양대 항공사의 대립구도에서 벗어난 다양한 선택의 기회를 제공함으로써 항공여행의 대중화를 이끌어 왔다.

▶ 세계 각국의 저비용 항공사

2) 저비용항공사의 특성

일반적으로 저비용항공사는 운영비용을 절감하여 저렴한 요금을 제공한다는 공통적 특성을 지닌다. 운영비용 절감을 위한 방법으로 항공기의 단일 기종 운영 및 단일 등급 좌석을 제공하여 항공기 기재운용의 효율성을 추구한다. 그리고 단거리 운항 및 지점 간 운항 서비스, 전자항공권을 사용하며 유통 채널의 생략이나 간소화를 통해 운영비용 절감을 실현한다. 뿐만 아니라 대형항공사에서 무상 지급되었던 식음료서비스 등의 불필요한 서비스를 줄이는 No-Frill 서비스를 시행하고 수화물 반입 제한과 자동수속 시스템을 적극 활용하여 서비스 인원을 최소화하여 인건비를 절감한다.

저비용항공사와 대형항공사의 경영상의 특징 비교

구분	저비용항공사	대형항공사
경영문화	빠른 의사 결정, 비용 절감에 역량 집중	조직 및 전통에 근거한 의사결정
자산효율성	보유 기종의 단순화, 높은 항공기 가동률, 짧은 지상회전 시간 등으로 효율성 제고	다양한 기종, 비교적 긴 지상 회전시간
가격정책	새로운 수요 창출을 위한 차별화된 가격정책, 단순한 가격 구조, 소비자 관심 유도형 가격 정책	최대 이익창출을 위한 복잡한 가격구조, 시장이 수용 가능한 최대의 가격정책
운용효율성	높은 직무수행능력에 기초한 슬림화된 조직 운용, 비용증가 요인의 철저한 관리	일반적인 관리
노동관행	기존항공사 대비 20% 이상 낮은 인건비 –1인당 생산성에 초점	엄격한 노무규정에 의한 상대적으로 높은 인건비
노선구조	주요 공항이 아닌 도심 외곽 공항 운항, 비수익노선의 과감한 철수	주요 도시, 주요 공항 위주 운항
상품특성	단일 등급정책(일반석), 높은 좌석 밀도, 부가서비스 제공 폐지	복수 등급정책(일등석, 비지니석, 일반석), 다양한 부가서비스(식사, 음료, 신문, 헤드셋 등)
유통채널	온라인, 직판 위주	글로벌 예약시스템, 여행사, 인터넷 등 다양한 유통망

출처: 백형신(2013); 이경은(2016).

그러나 국내 저비용항공사들은 보편적인 글로벌 저비용항공사들의 특성을 국내 고객의 성향에 맞추어 유연하게 적용하고 있다. 외국의 저비용항공사의 경우에는 카운터와 위탁수화물 서비스를 제거하여 인건비를 최소화하는 등의 저비용 관리 구조로 저가(Low Fare)의 운임을 만들어 내는 반면 국내저비용항공사의 경우 대형항공사의 요금의 70~80% 수준으로 저가(Low Fare)라고 보기는 어려운 구조적 특징을 가지고 있다. 공통적으로 좌석을 지정할 수 있고 서비스 품질 면에서 대형항공사와 크게 차이가 나지 않으며 대형항공사가 이용하고 있는 허브 공항을 함께 사용한다. 또한 국내 저비용항공사들은 항공사마다 약간의 차이가 있지만 유상으로 제공되는 부가 서비스를 일부 무상으로 제공하여 서비스 만족도를 향상시키면서 동시에 운영비용의 절감의 한계를 지니게 되었다. 이에 따라 다양한 기내 유상서비스 개발을 통해 항공권 외의 수익 창출 방안으로 활용하고 있다.

2 저비용항공사의 기내서비스

1) 저비용항공사의 서비스

국내 저비용항공사는 급격한 양적 팽창으로 인한 치열한 경쟁구도에 있으며, 운임과 항공기 등의 하드웨어적인 면의 차별화하가 어렵기 때문에 다양한 기내서비스를 제공하여 고객의 긍정적인 경험을 이끌어 재방문을 유도하고 구전효과를 통한 마케팅을 실현하고자 한다. 국내 저비용항공사가 제공하는 기내서비스는 부가서비스의 유상 판매와 무료로 제공되는 기내서비스와 이벤트 등으로 구분할 수 있다. 국내 저비용항공사들은 공통적으로 음료 및 스낵, 기내식, 면세품, 수화물 추가, 프리미엄 좌석 및 옆 좌석 판매 등의 부가서비스를 유상으로 제공한다.

한편, 진에어는 국내 저비용항공사 중 처음으로 중·대형기 기종인 B777-200ER

을 도입하며 유일하게 장거리 노선을 운항하며, 일부 구간에서 무료 기내식 서비스를 운영하며 차별화 전략을 시행하고 있다. 또한 제주항공과 에어부산은 대형항공사에서만 볼 수 있었던 라운지 서비스를 유상 판매 제공하며 고객의 다양한 욕구 충족과 부가적 수익 창출을 도모하고 있다. 국내 저비용항공사들은 다양한 이벤트를 즐길 수 있도록 기내 특화 서비스를 운영한다. 마술, 타로카드, 캘리그라피, 프로포즈 등 승객이 직접 참여할 수 있도록 하여 친밀감과 유대감을 높이고 있다.

▶ 국내 저비용항공사의 다양한 기내 이벤트

국내 저비용항공사의 기내서비스

구분	부가서비스(유상)	기내서비스(무료 및 이벤트)
제주항공	• Air Cafe(음료 및 스낵 등) • 사전 기내식 주문 • 기내 면세품 판매 • 사전 수화물 구매 • 사전 좌석 구매 (좌석 등급별 요금 적용) • 옆 좌석 구매 • JJ라운지 이용권	• 기내 Fun 서비스 제공 – 마술공연 – 캐리커쳐, 캘리그라피 – 하늘라디오 – 게임이벤트 – 풍선아트 – 퍼스널아트, 뷰티 – 타로카드 – 프로포즈
에어부산	• Cafe Blue(음료 및 스낵 등) • 사전 기내식 주문 • 기내 면세품 판매 • 사전수화물 구매 • 사전 좌석 구매 (좌석 등급별 요금 적용) • 옆 좌석 구매 • 라운지 이용권	• SEE YOU 서비스 • 어린이 색칠공부 • 어린이 안전벨트 쿠션제공 • 기내 감동 서비스 – Letters to AIR BUSAN – 비행기는 사랑을 싣고 – 매직 서비스 – 타로 서비스 – Blue Beauty 서비스 – 플라잉 바리스타 서비스 – 블루하모니 서비스 – 캘리그라피 서비스
진에어	• 음료 및 스낵 등 판매 • 사전 기내식 주문 • 기내 면세품 판매 • 사전수화물 구매 • 사전 좌석 구매 (좌석 등급별 요금 적용) • 옆 좌석 구매 • 라운지 이용권 • 지니 엔터테인먼트 (국내선 무료)	• 전문 특화팀 운영 – 아르美(Beauty) – Kids Master – Lala Jin's(Delight 콘서트) – JINI Graphy(Drawing) • 무료 기내식 제공 – 비행시간 3시간 이상 전 노선 – 도쿄 · 타이베이 노선(인천 왕복) – 삿포로 · 오키나와(인천, 부산 왕복)
티웨이항공	• T'Shop(음료 및 스낵 등) • 사전 기내식 주문 • 기내 면세품 판매 • 사전수화물 구매 • 프리미엄 좌석 구매	• Event Flight – 캘리그라피 – 성악 – 악기팀 – 풍선아트

구분	부가서비스(유상)	기내서비스(무료 및 이벤트)
	• 옆 좌석 구매 • 라운지 이용권 • 코트룸, 수하물 보관/배송 서비스 • T'Care 서비스 – 출입국 동반 안내 서비스	– U'story 서비스(사연 신청)
에어서울	• Cafe Mint(음료 및 스낵 등) • 사전 기내식 주문 • 기내 면세품 판매 • 사전수화물 구매 • 프리미엄 좌석 구매 • 옆 좌석 구매	• 기내 이벤트 팀 – 민트랜드(게임) – 민트 온에어(사연 방송)

▶ 다양한 기내서비스를 제공하는 국내 LCC 항공사

2) 저비용항공사의 기내서비스 실무

저비용항공사의 주 노선은 국내선을 비롯한 중단거리 노선으로 주로 소형기인 B737, A320, A321 기종으로 운항하여 효율성을 높이고 있다. 국내선과 국제선을 운항 시 최소 탑승 기준인원인 4명의 승무원이 탑승하며 각각 Duty를 부여받는다. 기내 판매가 많은 노선에서는 기내 판매 업무 Duty를 따로 배정하여 총 5명이 탑승한다. 저비용항공사의 객실승무원의 업무는 대형항공사의 국내선 노선에서 소형기종으로 운항할 때의 Duty Code에 따른 업무는 대부분 일치하나, 부가 서비스의 유상 판매 유무에 따른 업무의 차이가 있다. 항공사와 노선 특성에 따른 약간의 차이가 있을 수 있으나, 대표적으로 에어부산 객실승무원 업무를 살펴보면 다음과 같다.

(1) Duty Code에 따른 업무

① 4명 탑승

Code	Duty
CM	캐빈 매니저, 총괄 관리
AL	FWD Galley Item CHK, Service Item CHK, 신문 Setting, Lavatory CHK, Welcome 인사 및 Boarding Pass CHK
BL	Duty Free Sales, Service Item CHK · Lavatory CHK
CL	Meal CHK, AFT Galley Item CHK

② 5명 탑승

Code	Duty
CM	캐빈 매니저, 총괄 관리
AL	FWD Galley Item CHK, Service Item CHK, 신문 Setting, Lavatory CHK, Welcome 인사 및 Boarding Pass CHK
BL	AFT Galley Item CHK, Service Item CHK, Lavatory CHK
CL	Meal CHK
CG	Duty Free Sales

(2) Duty에 따른 업무 내용

① Document

- Duty: AL, BL
- AL은 Gate 앞에서 공항 서비스 직원으로부터 Pouch를 인계받아 예약 승객의 국적과 승객 수에 맞는 서류인지 확인한다. 검역 질문서가 필요한 나라인지 반드시 미리 확인한다.

• 이륙 후 서류는 AL은 전방에서 BL은 후방에서 시작한다.
• 배포 후 남은 서류는 착륙 후 캐빈 매니저가 Door Open 즉시 공항 서비스 직원에게 전달한다(Inbound).

② Duty Free Sales

• Duty: BL
• 캐빈 브리핑 전 해당 편 예약주문서를 확인한다.
• 브리핑 후 국제선 청사로 이동하여 1층 부산은행에서 Money Bag을 수령한다.
• 탑승 후 Duty Free Item CHK를 실시한다(예약 주문 Item CHK).
• 사전주문 불가 상품을 CHK하여 공유한다.

③ Meal Check

• Duty: CL
• 사전 주문된 기내식의 탑재 현황을 육안으로 확인하다.
• Crew Meal을 확인한다.

(3) 기내서비스 실무

① In-flight Service Procedure

• 음료 서비스는 노선에 따라 Tray에 Setting하여 Showing하거나 개별 요청 시에만 제공한다.
• Café Blue & Duty Free 종료 방송은 착륙 20분, 30분 전에 시행한다.
• Service Flow에 따른 서비스를 진행하는 것을 기본으로 한다.

서비스 순서	내 용	
서류	AL은 전방에서 BL은 후방에서 시작하여 만날 때까지 진행한다.	
유상 기내식	준비	승객 탑승권 상의 이름, 좌석번호, 주문한 유상기내식 종류를 확인한다. 기내식 주문량이 10개 이하의 경우 박스 Setting하고 11개 이상일 때는 Small Tray에 Setting한다.
	서비스	10개 이하의 경우 Individual SVC, 11개 이상은 Full Cart 1대로 1열부터 SVC, 50개 이상의 경우 Full Cart 2대로 FWD부터 시작하는 카트와 AFT에서 시작하는 카트가 만날 때까지 SVC한다. • Meal Box를 3개 이상 쌓아서 서비스하지 않는다. • Meal을 제공하는 승무원은 반드시 한 번 더 성함, 식사 종류를 CHK 한다.
Café Blue	Cart Base로 SVC 시에는 FWD, AFT 카트가 만날 때까지 SVC한다. Showing형 SVC 시에는 Café Blue 방송 시점부터 Showing하며 10분간 진행한다(주로 단거리 노선).	
회수	10개 이하는 Drawer를 사용하고 11개 이상일 때는 Full Cart로 1열부터 회수한다. 50개 이상일 때는 Full Cart 2개가 서로 만날 때까지 회수한다.	
Duty Free	Cart 판매 전 면세 책자와 주문서를 각 2회 Showing하고 사전 주문서를 배포한다. 사전예약 주문을 먼저 진행한 후 1열부터 Cart로 판매를 시작한다.	

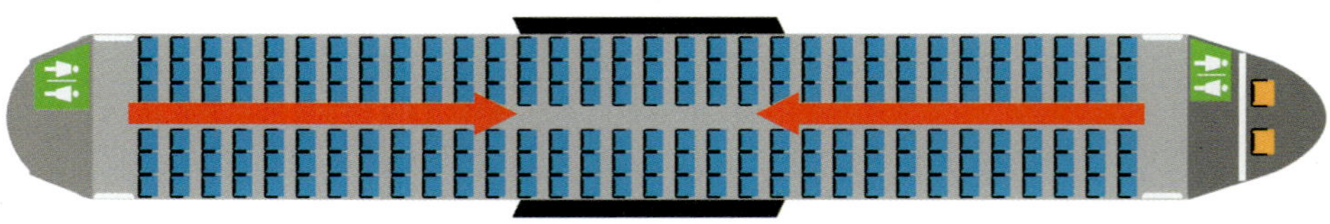

▶ Service Flow 예시(Narrow Body Aircraft)

Café Blue Menu Service Manual

❶ 컵라면

- 종이컵에 뜨거운 물을 담아 적절한 온도인지 체크한다.
- 컵라면의 컵에 물만 채운다.
- Warning 스티커를 붙여서 지퍼백에 밀봉한다.
- 밀봉한 지퍼백과 젓가락, 스프를 따로 제공한다.

❷ Snack & 음료

두 개 이상을 경우에는 Small Tray를 사용하여 제공하며 콜라, 사이다, 이온음료, 탄산수는 냅킨 1장과 함께 제공한다.

❸ 맥주

Small Tray를 사용하여 제공하며 맥주, 플라스틱 큰 컵, Nuts 1봉, 냅킨 1장을 함께 제공한다.

❹ 커피

커피 컵에 컵홀더를 끼운 후 7부를 채워 Small Tray로 제공하며 설탕, 크림 요청 시에는 머들러와 함께 드린다.

② In-flight Event

- Aisle Cleaning을 완료한 후 모든 승무원은 1열에서 기내 이벤트를 실시한다.
- 기내 이벤트 방송을 담당하는 승무원은 FWD PA를 이용하여 이벤트를 진행하며 뒤쪽까지 소리가 잘 전달되는지 확인한다.
- 최대한 손님들의 호응을 이끌어 낼 수 있도록 적극적인 자세로 임한다.
- 기내 이벤트는 기장의 기내 방송이 끝난 후에 실시한다.
- 제주 경품은 비행 전 비행 준비실에서 수령한다.

참고문헌

고창헌, 김미희, 차현수, 김영택(2012). 항공사의 내부마케팅 요인이 기내서비스 성과에 미치는 영향에 관한 연구－항공사 승무원의 기내서비스를 중심으로. **한국항공경영학회지**.

금진호, 유경숙, 김선경, 배고은, 박수미(2020). **취업과 이미지메이킹**. 경기: 양성원.

김윤진(2018년). 항공사 서비스 품질 평가를 위한 항공 객실 서비스 품질 차원 개발에 관한 연구. 인하대학교 박사학위논문.

김화연, 이향정, 심지연(2015). **항공객실업무론**. 서울: 백산출판사.

김희수(2020). 항공사 서비스 품질이 구매 의도에 미치는 영향: 브랜드 이미지의 매개 효과. **관광연구저널**.

박진서(2016). 다양한 항공운송서비스 제안으로 소비자 편익에 앞장서다; 저비용항공사 도입과 항공운송시장의 규제 완화 방안 제시. **월간교통**, 34-36.

박천우(2015). **항공승무원 자질개발**. 서울: 백산.

박혜정(2014). **항공기내식음료서비스**. 서울: 백산출판사.

박혜정(2014). **항공객실업무**. 서울: 백산출판사.

박희정(2020). 대학생의 LCC 항공사에 대한 사전지식과 선택속성이 행동 의도에 미치는 영향 관계 분석. **관광경영연구**.

백형신(2013). 저비용항공사의 서비스 품질과 지각된 가격, 고객 만족 및 행동 의도 간의 구조 관계 연구. 동아대학교 대학원 박사학위논문.

양정미, 조영신, 김선희(2019). **NCS 기반 항공객실업무론**. 서울: 센게이지러닝코리아(주).

이근영, 유광의, 황성연(2013). 국제항공 기후변화 관련 국제동향과 항공 배출가스 계산방법의 개선에 관한 연구. **한국항공운항학회지**.

이경은(2016). 저비용항공사(LCC)의 에어스케이프와 브랜드 인식, 주관적 경력 성공 간 구조 관계 연구 - 프로틴 경력 태도의 조절 효과. 경희대학교 박사학위논문.

이상우, 김영리, 이정욱(2016). **글로벌 에티켓 & 글로벌 매너**(제3판). 서울: 대왕사.

이수경(2020). **NCS 항공객실서비스 : 비행준비부터 이륙 전 서비스**. 서울: 센게이지러닝코리아(주).

이영희, 이지민(2017). **NCS 기반 항공객실서비스 실무**. 서울: 센게이지러닝코리아(주).

이인희(2012). **기내서비스 지상 운영**. 서울: 백산출판사.

이종호(2019). **항공기구조와 시스템**. 서울: 새로미.

이지민, 윤승희(2016). **항공객실서비스론**. 서울: 센게이지러닝코리아(주).

이진, 허희영(2014). 객실승무원의 교육훈련 체계 및 학습성과에 대한 고찰. 한국항공경영학회 추계 학술발표논문집.

장태선, 박지현(2017). **항공객실업무론**. 서울: 새로미.

정익준(2000). 국적 항공사의 운송서비스 제고 전략에 관한 연구. **여행학연구**.

진경미(2011). 비행안전교육훈련의 중요도-만족도에 관한 연구-Crew Resource Management 중심으로. 세종대학교 석사학위논문.

진성현, 홍영식(2017). **항공객실학개론**. 서울: 지식인.

조영신, 김선희, 양정미, 인옥남, 이승현, 문희정, 최정화(2017). **최신 항공객실업무론**(2판). 서울: 한올.

최성수(2016). **승객 탑승 전 준비 & 승객 탑승 및 이륙 전 서비스**. 서울: 한올.

최성수(2016). **비행 중 서비스**. 서울: 한올.

허희영(2016). **항공서비스원론**. 서울: 북넷.

대한항공 객실승무원 서비스 교범.

아시아나항공 Cabin Crew Manual.

아시아나항공 캐빈 신입 직무훈련.

에어부산 서비스 초기 교육.

네이버 백과.

위키백과.

www.flyasiana.com

www.koreanair.com

www.ko.delta.com

www.airfrance.co.kr

www.emirates.com

www.jejuair.net

www.jinair.com

www.flyairseoul.com

www.airbusan.com

www.twayair.com

www.molit.go.kr

www.law.go.kr

www.kosha.or.kr

www.skymedi.kr

www.aerotime.aero

www.airtravelinfo.kr

찾아보기

P

R

S

T

U

V

W

Z

저 / 자 / 소 / 개

▪ 박수미

동명대학교 대학원 관광학 박사

전) 대한항공 객실승무원

현) 부산여자대학교 항공운항과 조교수

부산여자대학교 국제교류센터장

사단법인 부산관광미래네트워크 정책위원

▪ 배윤미

동아대학교 일반대학원 관광경영학 박사 과정

전) 대경대학교 항공승무원과 조교수

아시아나항공 국제선 선임승무원

베트남항공 국제선 승무원

현) 부산여자대학교 항공운항과 외래교수

항공객실서비스론

1판 1쇄 인쇄 — 2020년 9월 10일
1판 1쇄 발행 — 2020년 9월 15일

저 자 - 박수미 배윤미
발 행 인 - 강철원
발 행 처 - 양성원
주 소 - 경기도 파주시 검산로 173번길 29-20
전 화 - 031-946-3861(代)
팩 스 - 031-946-3864
이 메 일 - tnwpub@naver.com
홈페이지 - tnwpub.co.kr
출판등록 - 2015년 8월 31일 제 2015-000211 호

ISBN 979-11-6126-319-9

정가 20,000원